民國文化與文學研究文叢

六 編

李 怡 主編

第 17 冊

異文化夾縫中誕生的詩人
——郭沫若留日與《女神》研究（上）

武 繼 平 著

國家圖書館出版品預行編目資料

異文化夾縫中誕生的詩人──郭沫若留日與《女神》研究（上）
／武繼平 著 -- 初版 -- 新北市：花木蘭文化出版社，2016
〔民 105〕
目 6+150 面；19×26 公分
（民國文化與文學研究文叢 六編；第 17 冊）
ISBN 978-986-404-691-1（精裝）
1. 郭沫若 2. 學術思想 3. 文學評論
541.26208   105012794

特邀編委（以姓氏筆畫為序）：

丁　帆	王德威	宋如珊
岩佐昌暲	奚　密	張中良
張堂錡	張福貴	須文蔚
馮　鐵	劉秀美	

ISBN-978-986-404-691-1

9 789864 046911

民國文化與文學研究文叢
六　編　第十七冊　　　　　ISBN：978-986-404-691-1

異文化夾縫中誕生的詩人
──郭沫若留日與《女神》研究（上）

作　　者　武繼平
主　　編　李　怡
企　　劃　四川大學現代中國文化與文學研究中心
　　　　　北京師範大學民國歷史文化與文學研究中心
總 編 輯　杜潔祥
副總編輯　楊嘉樂
編　　輯　許郁翎、王　筑　美術編輯　陳逸婷
出　　版　花木蘭文化出版社
社　　長　高小娟
聯絡地址　235 新北市中和區中安街七二號十三樓
　　　　　電話：02-2923-1455／傳真：02-2923-1452
網　　址　http://www.huamulan.tw 信箱 hml 810518@gmail.com
印　　刷　普羅文化出版廣告事業
初　　版　2016 年 9 月
全書字數　266083 字
定　　價　六編 24 冊（精裝）新台幣 44,000 元　　　　
版權所有·請勿翻印

異文化夾縫中誕生的詩人
——郭沫若留日與《女神》研究（上）

武繼平 著

作者簡介

武繼平（JIPING WU）

日本公立福岡女子大學國際文理學部教授。1957 年生於重慶。復旦大學外文系畢業，中國社科院比較文學碩士、日本國立九州大學博士。歷任四川外大副教授、九州大學副教授、上海財經大學教授至現職。中國比較文學會會員、郭沫若研究會理事。著有《異文化のなかの郭沫若》（單著）、《創造社作家研究》（合著）、《中國現代文學と九州》（合著）、《郭沫若の世界》（合著）、《南腔北調文集》（合著）等多部學術著作及近二十本譯著。

提　　要

本書作為一部純學術著作，它的撰寫，首先有著為進一步完善中國現代文學史的重新書寫提供關鍵性個案考察的動機和強烈的問題意識。作者從考據學的角度首先對中國現代文學「異軍」創造社領袖人物郭沫若長達十餘年的日本留學活動進行了慎密的考察和歷史還原，填補了迄今為止對研究五四新文學來說不可欠缺的郭沫若傳記研究領域的空白。此外，本書還運用新發掘的史料對郭沫若留日時期的家庭生活以及交友等細節問題進行了梳理，同時對郭沫若留日時期受到日本文化及歐美近代文意思想影響的整個過程進行了理性闡釋，從而通過準確把握郭沫若留日時期始終難以擺脫極度的貧困和精神焦慮的生存狀態，揭示了誕生於博多灣的《女神》這部中國現代文學史上劃時代的詩歌集以及郭沫若早期小說的實驗性創作與中國歷史文化重大轉型期「五四」之間的內在關係。

本書試圖打破過去的作家研究中過多依賴當事人自傳的習慣性框架，運用史學考證的方法去還原研究對象生存狀態的歷史真實，同時在其基礎之上重新思考作者的生活真實與文學作品創作的聯繫。

作爲方法的「民國」
——第六輯引言

李　怡

　　「作爲方法」的命題首先來自日本著名漢學家竹內好，從竹內好 1961 年「作爲方法的亞洲」到溝口雄三 1989 年「作爲方法的中國」，其中展示的當然不僅僅是有關學術「方法」的技術性問題，重要的是學術思想的主體性追求。日本學人通過中國這樣一個「他者」的參照進行自我的反省和批判，實現從「西方」話語突圍，重新確立自己的主體性，這對同樣深陷「西方」話語圍困的中國學界而言也無疑具有特殊的刺激和啓發。1990 年代中期以後，中國（華人）學人如孫歌、李多木、汪暉、陳光興、葛兆光等陸續介紹和評述了他們的學說，〔註1〕特別是最近 10 年的中國思想文化與文學批評界，可以說出現了一股竹內——溝口的「作爲方法」熱，「作爲方法的日本」、「作爲方法的竹內好」、「亞洲」作爲方法，〔註2〕以及「作爲方法的 80 年代」等等

〔註 1〕 如 Kuang-ming Wu and Chun-chieh Huang　（吳光明、黃俊傑）：〈關於《方法としての中國》的英文書評〉《清華學報》新 20 卷第 2 期，1990 年），溝口雄三、汪暉：〈沒有中國的中國學〉（《讀書》第 4 期，1994 年），孫歌：〈作爲方法的日本〉（《讀書》第 3 期，1995 年），李長莉：〈溝口雄三的中國思想史研究〉（《國外社會科學》第 1 期，1998 年），葛兆光：〈重評九十年代日本中國學的新觀念——讀溝口雄三《方法としての中國》〉《二十一世紀》12 月號，2002 年），吳震：〈十六世紀中國儒學思想的近代意涵——以日本學者島田虔次、溝口雄三的相關討論爲中心〉（《東亞文明研究學刊》第 1 卷第 2 期，2004 年）等。

〔註 2〕 刊發於《臺灣社會研究季刊》12 月號，總第 56 期，2004 年。2005 年 6 月，陳光興參加了在華東師範大學舉行的「全球化與東亞現代性——中國現代文學的視角」暑期高級研討班，將論文〈「亞洲」作爲方法〉提交會議，引起了與會者的濃厚興趣。

在我們學術話語中流行開來，體現了一種難能可貴的自我反思、重建學術主體性的努力。竹內好借鏡中國的重要對象是文學家魯迅，近年來，對這一反思投入最多的也是從事中國現當代文學研究的學者，因此，對這一反思本身做出反思，進而探索眞正作爲中國現代文學的「方法」的可能，便顯得必不可少。

在「亞洲」、「中國」先後成爲確立中國學術主體性的話語選擇之後，我覺得，更能夠反映中國現代文學立場和問題意識的話語是「民國」。作爲方法的民國，具體貼切地揭示了中國現代文學的生存發展語境，較之於抽象的「亞洲」或者籠統的「中國」，更能體現我們返回中國文學歷史情境，探尋學術主體性的努力。

一

日本戰敗，促成了一批日本知識分子的自我反省，竹內好（1908～1977）就是其中之一。在他看來，「脫亞入歐」的日本「什麼也不是」，反倒是曾經不斷失敗的中國在抵抗中產生了非西方的、超越近代的「東洋」。通常我們是說魯迅等現代中國知識分子從「東洋」日本發現了現代文明的啓示，竹內好卻反過來從中國這個「東洋」發現了一條區別於西歐現代化的獨特之路：借助日本所沒有的社會革命完成了自我更新，如果說日本文化是「轉向型」的，那麼中國文化則可以被稱作是「迴心型」，而魯迅的姿態和精神氣質就是這一「迴心型」的極具創造價值的體現。「他不退讓，也不追從。首先讓自己和新時代對陣，以『掙扎』來滌蕩自己，滌蕩之後，再把自己從裏邊拉將出來。這種態度，給人留下一個強韌的生活者的印象。像魯迅那樣強韌的生活者，在日本恐怕是找不到的。」「在他身上沒有思想進步這種東西。他當初是作爲進化論宇宙觀的信奉者登場的，後來卻告白頓悟到了進化論的謬誤；他晚年反悔早期作品中的虛無傾向。這些都被人解釋爲魯迅的思想進步。但相對於他頑強地恪守自我來說，思想進步實在僅僅是第二義的。」〔註3〕就此，他認爲自己發現了與西方視角相區別的「作爲方法的亞洲」，這裡的「亞洲」主要指中國。溝口雄三（1932～2010）是當代中國思想史學家，他並不同意竹內好將日本的近代描述爲「什麼也不是」，試圖在一種更加平等而平和的文化觀

〔註3〕（日）竹內好：《近代的超克》，11、12頁，李冬木、趙京華、孫歌譯，三聯書店，2005年。

念中讀解中國近代的獨特性:「事實上,中國的近代既沒有超越歐洲,也沒有落後於歐洲,中國的近代從一開始走的就是一條和歐洲、日本不同的獨自的歷史道路,一直到今天。」〔註4〕作爲方法的中國,意味著對「中國學」現狀的深入的反省,這就是要根本改變那種「沒有中國的中國學」,「把世界作爲方法來研究中國,這是試圖向世界主張中國的地位所帶來的必然結果……這樣的『世界』歸根結底就是歐洲」。「以中國爲方法的世界,就是把中國作爲構成要素之一,把歐洲也作爲構成要素之一的多元的世界」。〔註5〕

　　海外漢學(中國學)長期生存於強勢的歐美文明的邊緣地帶,因而難以改變作爲歐美文化思想附庸的地位,這一局面在海外華人的中國研究中更加明顯。而日本知識分子的反省卻將近現代中國作爲了反觀自身的「他者」,第一次將中國問題與自我的重建、主體性的尋找緊密聯繫,強調一種與歐美文明相平等的文化意識,這無疑是「中國學」研究的重要破局,具有重要的學術啓示意義,同時,對中國自己的學術研究也產生了極大的衝擊效應。

　　在逐步走出傳統的感悟式文學批評,建立現代知識的理性框架的過程中,中國的學術研究顯然從西方獲益甚多,當然也受制甚多,甚至被後者裹挾了我們的基本思維與立場,於是質疑之聲繼之而起,對所謂「中國化」和保留「傳統」的訴求一直連綿不絕,至最近20餘年,更在國內清算「西化」的主流意識形態及西方後現代主義、西方馬克思主義的自我批判的雙重鼓勵下,進一步明確提出了諸如中國立場、中國問題、中國話語等系統性的要求。來自日本學者的這一類概括──在中國發現「亞洲」近代化的獨特性,回歸中國自己的方法──顯然對我們當下的學術訴求有明晰準確的描繪,予我們的「中國道路」莫大的鼓勵,我們難以確定這樣的判斷究竟會對海外的「中國學」研究產生多大的改變,但是它對中國學術界本身的啓示和作用卻早已經一目了然。

　　我高度評價中國學界「回歸中國」的努力與亞洲──中國「作爲方法」的啓示意義。但是,與此同時,我也想提醒大家注意一個重要的現實,所謂的「作爲方法」如果不經過嚴格的勘定和區分,其實並不容易明瞭其中的含義,而無論是「亞洲」還是「中國」,作爲一個區域的指稱原本也有不少的遊

〔註4〕　(日)溝口雄三:《作爲方法的中國》,12頁,孫軍悅譯,三聯書店,2011年。
〔註5〕　(日)溝口雄三:《作爲方法的中國》,130、131頁,孫軍悅譯,三聯書店,2011年。

移性與隨意性。比如竹內好將「亞洲」簡化爲「中國」，將「東洋」轉稱爲「中國」，臺灣學人陳光興也在這樣的「亞洲」論述中加入了印度與臺灣地區，這都與論述人自己的關注、興趣和理解相互聯繫，換句話說，僅僅有「作爲方法」的「亞洲」概念與「中國」概念遠遠不夠，甚至，有了竹內與溝口的充滿智慧的「以中國爲方法」的種種判斷也還不夠，因爲這究竟還是「中國之外」的「他者」從他們自己的需要出發提出的觀察，這裡的「中國」不過是「日本內部的中國」，而非「中國人的中國」，正如溝口雄三對竹內好評述的那樣：「這種憧憬的對象並不是客觀的中國，而是在自身內部主觀成像的『我們內部的中國』。」〔註6〕那麼，溝口雄三本人的「中國方法」又如何呢？另一位深受竹內好影響的日本學者子安宣邦認爲，溝口雄三「以中國爲方法，以世界爲目的」的「超越中國的中國學」與日本戰前「沒有中國的中國學」依然具有親近性，難以眞正展示自己的「作爲方法」的中國視點。〔註7〕所以葛兆光就提醒我們，對於這樣「超越中國的中國學」，我們也不能直接平移到中國自己的中國學之中，一切都應當三思而行。〔註8〕

問題是，中國學界在尋找「中國獨特性」的時候格外需要那麼一些支撐性的論述與證據，而來自域外的論述與證據就更顯珍貴了。在這個時候，域外學說的「方法」本身也就無暇追問和反思了。例如竹內好與溝口雄三都將近現代中國的獨特性描述爲社會革命：「中國的近代化走的是自下而上的反帝反封建社會革命、即人民共和主義的道路。」〔註9〕在他們看來，太平天國至社會主義中國的「革命史」呈現的就是中國自力更生的道路。這的確道出了現代中國的重要事實，因而得到許多中國現代文學研究者的認同，當然，一些中國學者對現代中國革命的重新認同還深刻地聯繫著西方後現代主義對西方文化的自我批判，聯繫著西方馬克思主義及其它左派對資本主義的嚴厲批判，在這裡，「西洋」的自我批判和「東洋」的自我尋找共同加強了中國學者對「中國現代史＝革命史」的認識，如下話語所表述的學術理念以及這一理念的形成過程無疑具有某種典型意義：

〔註6〕（日）溝口雄三：《作爲方法的中國》，6頁，孫軍悅譯，三聯書店，2011年。

〔註7〕參看張崑將：〈關於東亞的思考「方法」：以竹內好、溝口雄三、子安宣邦爲中心〉，《臺灣東亞文明研究學刊》第1卷第2期，2004年。

〔註8〕葛兆光：〈重評九十年代日本中國學的新觀念——讀溝口雄三《方法としての中國》〉，《二十一世紀》12月號，2002年。

〔註9〕（日）溝口雄三：《作爲方法的中國》，11頁，孫軍悅譯，三聯書店，2011年。

　　從 1993 年起，我逐步地對以往的研究做了兩點調整：第一是將自己的歷史研究放置在「反思現代性」的理論框架中進行綜合的分析和思考；第二是力圖將社會史的視野與思想史研究結合起來。在中國 1980 年代的文化運動和 1990 年代的思想潮流之中，對於近代革命和社會主義歷史的批判和拒絕經常被放置在對資本主義的全面的肯定之上；我試圖將近代革命和社會主義歷史的悲劇放置在對現代性的批判性反思的視野中，動機之一是為了將這一過程與當代的現實進程一道納入批判性反思的範圍。……而溝口雄三教授對日本中國研究的批判性的看法和對明清思想的解釋都給我以啟發。也是在上述閱讀、交往和研究的過程中，我逐漸地形成了自己的一個研究視野，即將思想的內在視野與歷史社會學的方法有機地結合起來。〔註10〕

東洋與西洋的有機結合，鼓勵我們對現代性的西方傳統展開質疑和批判，同時對我們自身的現代價值加以發掘和肯定，在中國現代文學研究領域中，這些「我們的現代價值」常常也指向革命文學、左翼文學、延安文學與新中國建立至新時期以前的文學，有學者將之概括為新左派的現代文學史觀。姑且不論「新左派」之說是否準確，但是其描述出來的學術事實卻是有目共睹的：「以現代性反思的名義將左翼文學納入現代性範疇，並稱之為『反現代的現代主義文學』、『反現代的現代先鋒派文學』，高度肯定其歷史合理性，並認為改革前的毛澤東時代可以定位為『反現代的現代性』，其合法性來自於對西方資本主義現代性的批判。」〔註11〕為了肯定這些中國現代文化追求的合理性，人們有意忽略其中的種種失誤，包括眾所周知的極左政治對現代文學發展的傷害和扭曲，甚至「文革」的思維也一再被美化。

　　理性而論，前述的「反思現代性」論述顯然問題重重：「那種忽略了具體歷史語境中強大的以封建專制主義文化意識為主體的特殊性，忽略了那時文學作品巨大的政治社會屬性與人文精神被顛覆、現代化追求被阻斷的歷史內涵，而只把文本當作一個脫離了社會時空的、僅僅只有自然意義的單細胞來

〔註10〕汪暉、張曦：〈在歷史中思考──汪暉教授訪談〉，《學術月刊》第 7 期，2005 年。

〔註11〕鄭潤良：〈「反現代的現代性」：新左派文學史觀萌發的語境及其問題〉，《福建論壇》第 4 期，2010 年。

進行所謂審美解剖。這顯然不是歷史主義的客觀審美態度。」〔註12〕

值得注意的現實是，爲了急於標示中國也可以有自己的「現代性」，我們學界急切尋找著能夠支持自己的他人的結論和觀點，至於對方究竟把什麼「作爲方法」倒不是特別重要了。

「悖論」是中國學者對竹內好等學者處境與思維的理解，有意思的是，當我們不再追問「作爲方法」的緣由和形式之時，自己也可能最終陷入某種「悖論」。比如，在肯定我們自己的現代價值之際，誕生了一個影響甚大的觀點：反現代的現代性。中國革命史被稱作是「反現代的現代性」，中國的左翼文學史也被描述爲「反現代性的現代性」，姑且不問這種表述來源於西方現代性話語的繁複關係，使用者至少沒有推敲：「反」的思維其實還是以西方現代性爲「正方」的，也就是說，是以它的「現代」爲基本內容來決定我們「反」的目標和形式，這是眞正的多元世界觀呢？還是繼續延續了我們所熟悉的「二元對立」的格局呢？這樣一種正／反模式與他們所要克服的思維中國／西方的二元模式如出一轍：把世界認定爲某兩種力量對立鬥爭的結果，肯定不是對眞正的多元文化的認可，依舊屬於對歷史事實的簡化式的理解。

二

「中國作爲方法」不是學術研究大功告成之際的自得的總結，甚至也還不是理所當然的研究的開始，更準確地說，它可能還是學術思想調整的準備活動。在這個意義上，眞正的「中國」問題在哪裏，「中國」視角是什麼，「中國」的方法有哪些，都亟待中國自己的學人在自己的歷史文化語境中開展新的探討。對於中國現代文學研究而言，我覺得，與其追隨「他者」的眼界，取法籠統的「中國」，還不如眞正返回歷史的現場加以勘察，進入「民國」的視野。「作爲方法的中國」是來自他者的啓示，它提醒我們尋找學術主體性的必要，「作爲方法的民國」，則是我們重拾自我體驗的開始，是我們自我認識、自我表達的眞正的需要。

海外中國學研究，在進入「作爲方法的中國」之後，無疑產生了不少啓發性的成果，即便如此，其結論也有別於自「民國」歷史走來的中國人，只有我們自己的「民國」感受能夠校正他者的異見，完成自我的表述。包括竹

〔註12〕董健、丁帆、王彬彬：〈我們應該怎樣重寫當代文學史〉，《江蘇行政學院學報》第 1 期，2003 年。

內好與溝口雄三這樣的智慧之論也是如此。對此，溝口雄三自己就有過眞誠的反思，他說包括竹內好在內他們對中國的觀察都充滿了憧憬式的誤讀，包括對「文革」的禮贊等等。〔註 13〕因爲研究「所使用的基本範疇完全來自中國思想內部」，而且「對思想的研究不是純粹的觀念史的研究，而是考慮整個中國社會歷史」，溝口雄三的中國研究曾經爲中國學者所認同，〔註 14〕例如他借助中國思想傳統的內部資源解釋孫中山開始的現代革命，的確就令人耳目一新，跳出了西方現代性東移的固有解說：

> 實際上大同思想不僅影響了孫文，而且還構成了中國共和思想的核心。

> 就民權來看，中國的這種大同式近代的特徵也體現在民權所主張的與其說是個人權利，不如說國民、人民的全體權利這一點上。

> 大同式的近代不是通過「個」而是通過「共」把民生和民權聯結在一起，構成一個同心圓，所以從一開始便是中國獨特的、帶有社會主義性質的近代。〔註 15〕

雖然這道出了中國現代歷史的重要事實，但卻只是一部分事實，很明顯，「民國」的共和與憲政理想本身是一個豐富而複雜的思想系統，而且還可以說是一個動態的有許多政治家、思想家和知識分子共同參與共同推進的系統。例如在五四新文化運動前夕，出於對民初政治的失望，《甲寅》的知識分子群體就展開了「國權」與「民權」的討論辨析，並且關注「民權」也從「公權」轉向「私權」，至《新青年》更是大張個人自由，個人情感與欲望，這才有了五四新文學運動，有了郁達夫的切身感受：「五四運動的最大成功，第一要算『個人』的發現。從前的人是爲君而存在，爲道而存在，爲父母而存在的，現在的人才曉得爲自我而存在了。」〔註 16〕不僅是五四新文學思潮，後來的自由主義者也一直以「個人權利」、「個人自由」與左右兩種政治主張相抗衡，雖然這些「個人」與「自由」的內涵嚴格說來與西方文化有所區別，但也不

〔註 13〕（日）溝口雄三：《作爲方法的中國》，12 頁，孫軍悅譯，三聯書店，2011 年。

〔註 14〕（日）溝口雄三、汪暉：〈沒有中國的中國學〉，《讀書》第 4 期，1994 年。

〔註 15〕（日）溝口雄三：《作爲方法的中國》，12、16、18 頁，孫軍悅譯，三聯書店，2011 年。

〔註 16〕郁達夫：《《中國新文學大系·散文二集》導言》，上海良友圖書印刷公司，1935 年。

是「大同」理想與「社會主義性質」能夠涵蓋的，它們的發展在不同的歷史時期各有限制，但依然一路坎坷向前，並在 20 世紀 80 年代的海峽兩岸各有成效，成爲現代中國文化建設所不能忽略的一種重要元素，不回到民國重新梳理、重新談論，我們歷史的獨特性如何能夠呈現呢？

治中國社會歷史研究多年的秦暉曾經提出了一個耐人尋味的觀點：當前中國學術一方面在反對西方的所謂「文化殖民」，另外一方面卻又常常陷入到外來的「問題」圈套之中，形成有趣的「問題殖民」現象。〔註 17〕我理解，這裡的「問題殖民」就是脫離開我們自己的歷史文化環境，將他者研討中國提出來的問題（包括某些讚賞中國「特殊價值」的問題）當作我們自己的問題，從而在竭力掙脫西方話語的過程中再一次落入到他者思維的窠臼。如何才能打破這種反反覆復、層層疊疊的他者的圈套呢？我以爲唯一的出路便是敢於拋開一些令人眼花繚亂的解釋框架，面對我們自己的歷史處境，感受我們自己的問題，對中國現代文學的研究而言，就是要在「民國」的社會歷史框架中醞釀和提煉我們的學術感覺，這當然不是說從此固步自封，拒絕外來的思想和方法，而是說所有的思想和方法都必須在民國歷史的事實中接受檢驗，只有最豐富地對應於民國歷史事實的理論和方法才足以成爲我們研究的路徑，才能最後爲我所用。在中國現代文學研究領域，並沒有異域學者所總結完成的「中國方法」，而只有在民國「作爲方法」取得成傚之後的具體的認知，也就是說，是「作爲方法的民國」眞正保證了「作爲方法的中國」。下述幾個中國現代文學研究中影響較大、也爭論較大的理論框架，莫不如此。

例如，在描述中國歷史從封建帝國轉入現代國家的時候，人們常常使用「民族國家」這一概念，中國現代文學也因此被視作「現代民族國家文學」，不斷放大「民族國家」主題之於中國現代文學的意義：「在抗戰文學中，由於抗日民族統一戰線的建立，民族國家成爲了一個集中表達的核心的、甚至唯一的主題。」〔註 18〕甚至稱：「『五四』以來被稱之爲『現代文學』的東西其實是一種民族國家文學。」〔註 19〕這顯然都不符合中國現代文學在「民國」

〔註 17〕http://www.360doc.com/content/10/0626/01/875791_35273755.shtml
〔註 18〕曠新年：〈民族國家想像與中國現代文學〉，《文學評論》第 1 期，2003 年。
〔註 19〕劉禾：《文本、批評與民族國家文學——〈生死場〉的啓示》，1 頁，北京大學出版社，2007 年。對中國現代文學研究中民族國家理論的檢討，已有學者提出過重要的論述，如張中良《中國現代文學的「民族國家」問題》，臺灣花木蘭文化出版社，2012 年。

的歷史事實，不必說五四新文學運動恰恰質疑了無條件的「國家認同」，民國時期文學前十年「國家主題」並不占主導地位，出現了所謂「民族國家意識的延宕與缺席」現象，〔註20〕第二個十年間的「民族主義」觀念也一再受到左翼文學陣營的抨擊，就是抗日戰爭時期的文學，也不像過去文學史所描繪的那麼主題單一，相反，多主題的出現，文學在豐富中走向成熟才是基本的事實。不充分重視「民國」的豐富意義就會用外來概念直接「認定」歷史的性質，從而形成對我們自身歷史的誤讀。

文學的「民國」不僅含義豐富，也不適合於被稱作是「想像的共同體」。近年來，美國著名學者本尼狄克特・安德森關於民族國家的概括──「想像的共同體」廣獲運用， 借助於這一思路，我們描繪出了這樣一個國家認同的圖景：中國知識分子從晚清開始，利用報紙、雜誌、小說等媒體空間展開政治的文化的批判，通過這一空間，中國人展開了對「民族國家」的建構，使國民獲得了最初的民族國家認同。誠然，這道出了「帝國」式微，「民國」塑形過程之中，民眾與國家觀念形成的某些狀況，但卻既不是中華民族歷史演變的眞相，〔註21〕也不是現實意義的民國的主要的實情，當然更不是「文學民國」的重要事實。現實意義的民國，在一個相當長的時間裏，依然處於殘留的「帝國」意識與新生的「民國」意識的矛盾鬥爭之中，專制集權與民主自由此漲彼消，黨國觀念與公民社會相互博弈，也就是說，「國家與民族」經常成爲統治者鞏固自身權利的重要的意識形態選擇，與知識分子所要展開的公眾想像既相關又矛盾。在現實世界上，我們的國家民族觀念常常來自於政治強權的強勢推行，這也造成了

〔註20〕李道新在剖析民國電影文化時指出：「南京國民政府成立以前，亦即從電影傳入中國至 1927 年之間，中國電影傳播主要訴諸道德與風化，基本無關民族與國家。民族國家意識的延宕與缺席，與落後保守的價值導向及混亂無序的官方介入結合在一起，使這一時期的中國電影幾乎處在一種特殊的無政府狀態，並導致中國電影從一開始就陷入目標／效果的錯位與傳者／受眾的分裂之境。」（李道新：〈民族國家意識的延宕與缺席：南京國民政府成立前中國電影的傳播制度及其空間拓展〉，《上海大學學報》第 3 期，2011 年。）這樣的觀察其實同樣可以啓發我們的文學研究。

〔註21〕關於中華民族及統一國家的形成如何超越「想像」，進入「實踐」等情形，近來已有多位學者加以論證，如楊義、邵寧寧：〈描繪中國文學地圖──楊義訪談錄〉（《甘肅社會科學》第 5 期，2004 年）、郝慶軍：〈反思兩個熱門話題：「公共領域」與「想像的共同體」〉（《中國現代文學研究叢刊》第 5 期，2005 年）、吳曉東：〈「想像的共同體」理論與中國理論創新問題〉（《學術月刊》第 2 期，2007 年）等。

知識分子國家民族認同的諸多矛盾與尷尬，他們不時陷落於個人理想與政治強權的對立之中，既不能接受強權的思想干預，又無法完全另立門戶，總之，「想像」並不足以獨立自主，「共同體」的形成步履艱難，「文學的民國」對此表述生動。這裡既有胡適「只指望快快亡國」的情緒性決絕，〔註22〕有魯迅對於民族國家自我壓迫的理性認識：「用筆和舌，將淪爲異族的奴隸之苦告訴大家，自然是不錯的，但要十分小心，不可使大家得著這樣的結論：『那麼，到底還不如我們似的做自己人的奴隸好。』」〔註23〕也有聞一多輾轉反側，難以抉擇的苦痛：「我來了，我喊一聲，迸著血淚，／『這不是我的中華，不對，不對！』」「我來了，不知道是一場空喜。／我會見的是噩夢，那裡是你？／那是恐怖，是噩夢掛著懸崖，／那不是你，那不是我的心愛！」〔註24〕

　　總之，進入文學的民國，概念的迷信就土崩瓦解了。

　　也有學者試圖對外來概念進行改造式的使用，這顯然有別於那種不加選擇的盲目，不過，作爲「民國」實際的深入的檢驗工作也並沒有完成，例如近年來同樣在現代文學研究界流行的「公共空間」（「公共領域」）理論。在西歐歷史的近現代發展中，先後出現了貴族文藝沙龍、咖啡館、俱樂部一類公共聚落，然後推延至整個社會，最終形成了不隸屬於國家官僚機構的民間的新型公共社區，這對理解西方近代社會歷史與精神生產環境都是重要的視角。不過，眞正「公共空間」的形成必須有賴於比較堅實的市民社會的基礎，尚未形成眞正的市民社會的民國，當然也就沒有眞正的公共空間。〔註25〕可能正是考慮到了民國歷史的特殊性，李歐梵先生試圖對這一概念加以改造，他以「批判空間」替換之，試圖說明中國近現代知識分子也正在形成自己的「公共性」的輿論環境，他以《申報·自由談》爲例，說明：「這個半公開的園地更屬開創的新空間，它

〔註22〕胡適〈你莫忘記〉有云：「你莫忘記：／你老子臨死時只指望快快亡國：／亡給『哥薩克』，／亡給『普魯士』／都可以」。

〔註23〕魯迅：《且介亭雜文末編·半夏小集》，《魯迅全集》6 卷，617 頁，人民文學出版社，2005 年。

〔註24〕聞一多詩歌：〈發現〉。

〔註25〕對此，哈貝馬斯具有清醒的認識，他認爲，不能把「公共領域」這個概念與歐洲中世紀市民社會的特殊性隔離開，也不能隨意將其運用到其它具有相似形態的歷史語境中。（參見哈貝馬斯：《公共領域的結構轉型》初版序言，曹衛東譯，學林出版社，1999 年。）中國學者關於「公共領域」理論在中國運用的反思可以參見張鴻聲：〈中國的「公共領域」及其它──兼論現代城市文學研究的本土化〉，《首都師範大學學報》第 6 期，2006 年。

至少爲社會提供了一塊可以用滑稽的形式發表言論的地方。」魯迅爲《自由談》欄目所撰文稿也成爲李歐梵先生考辨的對象，並有精彩的分析，然而，論者突然話鋒一轉：「因爲當年的上海文壇上個人恩怨太多，而魯迅花在這方面的筆墨也太重，罵人有時也太過刻薄。問題是：罵完國民黨文人之後，是否能在其壓制下爭取到多一點言論的空間？就《僞自由書》中的文章而言，我覺得魯迅在這方面反而沒有太大的貢獻。如果從負面的角度而論，這些雜文顯得有些『小氣』。我從文中所見到的魯迅形象是一個心眼狹窄的老文人，他拿了一把剪刀，在報紙上找尋『作論』的材料，然後『以小窺大』，把拼湊以後的材料作爲他立論的根據。事實上他並不珍惜——也不注意——報紙本身的社會文化功用和價值，而且對於言論自由這個問題，他認爲根本不存在。」「《僞自由書》中沒有仔細論到自由的問題，對於國民黨政府的對日本妥協政策雖諸多非議，但又和新聞報導的失實連在一起。也許，他覺得眞實也是道德上的眞理，但是他從報屁股看到的眞實，是否能夠足以負荷道德眞理的眞相？」〔註26〕其實，魯迅對「自由」的一些理論和他是否參與了現代中國「批判空間」的言論自由的開拓完全是兩碼事。實際的情況是，在民國時代的專制統治下，任何自由空間的開拓都不可能完全是「輿論」本身的功效，輿論的背後，是民國政治的高壓力量，魯迅的敏感，魯迅的多疑，魯迅雜文的曲筆和隱晦，乃至與現實人事的種種糾纏，莫不與對這高壓環境的見縫插針般的戳擊有關。當生存的不自由已經轉化成爲「日常生活」的一部分（所謂「報屁股看到的眞實」），成爲各色人等的「無意識」，點滴行爲的反抗可能比長篇大論的自由討論更具有「自由」的意味。這就是現代中國的基本現實，這就是民國輿論環境與文學空間所具有的歷史特徵。對比晚清和北洋軍閥時代，李歐梵先生認爲，1930年代雖然「在物質上較晚清民初發達，都市中的中產階級讀者可能也更多，咖啡館、戲院等公共場所也都具備」，但公共空間的言論自由卻反而更小了。原因何在呢？他認爲在於像魯迅這樣的左翼「把語言不作爲『中介』性的媒體而作爲政治宣傳或個人攻擊的武器和工具，逐漸導致政治上的偏激文化（radicalization），而偏激之後也只有革命一途」。〔註27〕這裡涉及對左翼文化的反思，自有其準確深刻之處，但是，

〔註26〕李歐梵：〈「批評空間」的開創——從《申報》「自由談」談起〉，見《現代性的追求》，19、20頁，三聯書店，2000年。

〔註27〕李歐梵：〈「批評空間」的開創——從《申報》「自由談」談起〉，見《現代性的追求》，21頁，三聯書店，2000年。

就像現代中國社會的諸多「公共」從來都不是完全的民間力量所打造一樣，言論空間的存廢也與政府的強力介入直接關聯，左翼文化的鋒芒所指首先是專制政府，而對政府專制的攻擊，本身不也是一種擴大言論自由的有效方式？

　　作爲方法的民國，意味著持續不斷地返回中國歷史的過程，意味著對我們自身問題和思維方式的永遠的反省和批判，只有這樣，我們的中國現代文學研究才是眞正屬於自己的。

三

　　「民國作爲方法」既然是在自覺尋找中國現代文學研究「自己的方法」的意義上提出來的，那麼，它究竟如何才能成爲一種與眾不同的「方法」呢？或者說，它對中國現代文學研究具體有哪些著力點與可能開拓之處呢？我認爲至少有這樣幾個方面的工作可以開展：

　　首先是爲「中國」的學術研究設立具體的「時間軸」。也就是說，所謂學術研究的「中國問題」不應該是籠統的，它必須置放在具體的時間維度中加以追問，是「民國」時期的中國問題還是「人民共和國」時期的中國問題？當然，我們曾經試圖以「現代化」、「現代性」這樣的概念來統一描述，但事實是，兩個不同的歷史階段有著相當多的差異性，特別是作爲精神現象的文學，在生產方式、傳播接受方式及作家的生存環境、寫作環境、文學制度等等方面都更適合分段討論。新時期文學曾經被類比爲五四新文學，這雖然一度喚起了人們的「新啓蒙」的熱情，但是新時期究竟不是「五四」，新時期的中國知識分子也不是「五四」一代的陳獨秀、胡適與周氏兄弟，到後來，人們質疑 1980 年代，質疑「新啓蒙」，連帶五四新文化運動一起質疑，問題是經過一系列風起雲湧的體制變革和社會演變，「五四」怎麼能夠爲新時期背書？就像民國不可能與人民共和國相提並論一樣；也有將「文革」追溯到「五四」的，這同樣是完全混淆了兩個根本不同的歷史文化情境。在我看來，今天的中國現當代文學研究，尚需要在已有的「新文學一體化」格局中（包括影響巨大的「20 世紀中國文學」）重新區隔，讓所謂的「現代」和「當代」各自歸位，回到自己的歷史情境中去，這不是要否認它們的歷史聯繫，而是要重新釐清究竟什麼才是它們眞正的歷史聯繫。研究中國現代文學，就必須首先回到民國歷史，將中國現代文學作爲民國時期的精神現象。晚清盡頭是民國，民國盡頭是人民共和國，各自的歷史場景講述著不同的文學故事。

其次是「中國」的學術研究也必須落實到具體的「空間場景」。「空間和時間是一切實在與之相關聯的架構。我們只有在空間和時間的條件下才能設想任何眞實的事物。」〔註28〕民國及其複雜的空間分佈恰恰爲我們重新認識中國問題的複雜性提供了基礎。在過去一個相當長的時期內，我們習慣將中國的問題置放在種種巨大的背景之上，諸如「文藝復興」、「啓蒙與救亡」、「中外文化衝撞與融合」、「中國傳統文化」、「現代化」、「走向世界文學」、「全球化」、「現代民族國家進程」等等，這固然確有其事，但來自同樣背景的衝擊，卻在不同的區域產生了並不相同的效果，甚至有些區域性的文學現象未必就與這些宏大主題相關。詩人何其芳在四川萬縣的偏遠山區成長，直到 1930 年代「還不知道五四運動，還不知道新文化，新文學，連白話文也還被視爲異端」。〔註29〕這對我們文學史上的五四敘述無疑是一大挑戰：中國的現代文化進程是不是同一個知識系統的不斷演繹？另外一個例證也可謂典型：我們一般都把白話新文學的產生歸結到外來文化深深的衝擊，歸結到一批留美留日學生的新式教育與人生體驗，所以「走異路，逃異地」的魯迅於 1918 年完成了〈狂人日記〉，留下了中國現代文學史上第一篇白話小說，但跳出這樣的中／西大敘事，我們卻可以發現，遠在內部腹地的成都作家李劼人早在尚未跨出國門的 1915 年就完成了多篇新式白話小說，這裡的文化資源又是什麼？

中國的學術問題並不產生自抽象籠統的大中國，它本身就來自各個具體的生活場景，具體的生存地域。有學者對民國文學研究不無疑慮，因爲民國不同於「一體化」的人民共和國，各個不同的政治派別、各個不同的區域差異比較明顯，更不要說如抗戰時期的巨大的政權分割（國統區、解放區及淪陷區）了，這樣一個「破碎的國家」能否方便於我們的研究呢？在我看來，破碎正是民國的特點，是這一歷史時期生存其間的中國人（包括中國知識分子）的體驗空間，只要我們不預設一些先驗的結論，那麼針對不同地域、不同生存環境的文學敘述加以考察，恰恰可以豐富我們的歷史認識。一個生存共同體，它的魅力並不是它對外來衝擊的傳播速度，而是內部範式的多樣性和豐富性，這就是我們所謂的「地方性知識」。民國時期的「山河破碎」，正好爲各種地方性知識的生長創造了條件，如果能夠充分尊重和發掘這些地方性知識視野中的精神活動與文學創造，那麼中國的現代文學研究也將再添不少新的話題、新的意趣。

〔註28〕（德）恩斯特・卡西爾：《人論》，73 頁，甘陽譯，西苑出版社，2003 年。
〔註29〕方敬、何頻伽：《何其芳散記》，22 頁，四川教育出版社，1990 年。

「破碎」的民國給我們的進一步的啓發可能還在於：區域的破碎同時也表現爲個人體驗的分離與精神趣味的多樣化。當代中國的大眾文化曾經出現了所謂的「民國熱」，在我看來，這種以時尚爲誘導、以大眾消費爲旨歸，充滿誇張和想像的「熱」需要我們深加警惕，絕不能與嚴肅的歷史探詢相混淆。其中唯一值得肯定的便是某種不滿於頹靡現狀，試圖在過去發掘精神資源的願望。今天的人們也或多或少地感佩於民國時代知識分子精神狀態的多樣性，如魯迅、陳獨秀、胡適一代新文化創造者般的不完全受縛於某種體制的壓力或公眾的流俗的精神風貌。〔註 30〕的確，中國現代作家精神風貌的多姿多彩與文學作品意義的多樣化迄今堪稱典範，還包括新／舊、雅／俗文學的多元並存。對應於這樣的文學形態，我們也需要調整我們固有的思維模式，未來，如果可能完成一部新的文學發展史的話，其內容、關注點和敘述方式都可能與當今的文學史大爲不同。

第三，「作爲方法的民國」的研究並不同於過去一般的歷史文化與文學關係的研究，有著自己獨立的歷史觀與文學觀。中國現代文學研究不乏從歷史背景入手的學術傳統，包括傳統文學批評中所謂的「知人論世」，包括中國式馬克思主義的社會歷史批評，也包括新時期以後的文化視角的文學研究。應該說，這三種批評都是有前提的，也就是說，都有比較明確、清晰的對歷史性質的認定，而文學現象在某種意義上都必須經過這一歷史認識的篩選。「知人論世」往往轉化爲某種形式的道德批評，倫理道德觀是它篩選歷史現象的工具；中國式馬克思主義的社會歷史批評在新中國建立後相當長的時間中表現爲馬克思主義普遍原理的運用，有時難免以論帶史的弊端；文化視角的文學研究曾經爲我們的研究打開了許多扇門與窗，但是這樣的文化研究常常是用文學現象來證明「文化」的特點，有時候是「犧牲」了文學的獨特性來遷就文化的整體屬性，有時候是忽略了作家的主觀複雜性來遷就社會文化的歷史客觀性——總之，在這個時候，作爲歷史現象的文學本身往往並不是我們呈現的對象，我們的工作不過是借助文學說明其它「文化」理念，如通過不同地域的文學創作證明中國區域文化的特點，從現代作家的宗教情趣中展示各大宗教文化在中國的傳播，利用文學作品的政治傾向挖掘現代政治文化在文學中的深刻印記等等。

〔註30〕丁帆先生另有「民國文學風範」一說可以參考，他說：「我所指的『民國文學風範』就是五四新文學傳統，特指五四前後包括俗文學在內的『人的文學』內涵。」見丁帆：〈「民國文學風範」的再思考〉，《文藝爭鳴》第 7 期，2011 年。

　　「作為方法的民國」就是要尊重民國歷史現象自身的完整性、豐富性、複雜性，提倡文學研究的歷史化態度。既往的中國現代文學研究充斥了一系列的預設性判斷，從最早的「中國新文學是反帝反封建的文學」、「五四新文學運動實施了對舊文學摧枯拉朽般的打擊」、「中國現代文學的發展與歷史的進步方向相一致」，到新時期以後「中國現代文學是走向世界的文學」、「中國現代文學是現代性的文學」、「20 世紀中國文學的總主題是改造民族靈魂，審美風格的核心是悲涼」等等。在特定的時代，這些判斷都實現過它們的學術價值，但是，對歷史細節的進一步追問卻讓我們的研究不能再停留於此，比如回到民國語境，我們就會發現，所謂「封建」一說根本就存在「名實不符」的巨大尷尬，文學批評界對「封建」的界定與歷史學界的「封建」含義大相徑庭，「反封建」在不同階段的真實意義可能各各不同；已經習用多年的「進步作家」、「進步文學」究竟指的是什麼，越來越不清楚，在包括抗戰這樣的時期，左右作家是否涇渭分明？所謂「右翼文學」包括接近國民黨的知識分子的寫作是不是一切都以左翼為敵，它有沒有自己獨立的文學理想？國民黨專制文化是否鐵板一塊，其內部（例如對文學的控制與管理）有無矛盾與裂痕？共產黨的革命文學是否就是為反對國民黨和「舊社會」而存在，它和國民黨的文學觀念有無某些聯通之處？被新文學「橫掃」之後的舊派文學是不是一蹶不振，漸趨消歇？因為，事實恰恰相反，它們在民國時代獲得了長足的發展，並演化出更為豐富的形態，這是不是都告訴我們，我們先前設定的文學格局與文學道路都充滿了太多的主觀性，不回到民國歷史的語境，心平氣和地重新觀察，文學中國（文學民國）的實際狀況依然混沌。

　　這就是我們主張文學研究「歷史化」，反對觀念「預設」的意義。當然，反對「預設」理念並不等於我們自己不需要任何理論視角，而是強調新的研究應該比以往任何時候都尊重民國社會歷史本身的實際情形，研究必須以充分的歷史材料為基礎，而不應當讓後來的歷史判斷（特別是極左年代的民國批判概念）先入為主，同時，時刻保持一種自我反思、自我警醒的姿態。回到民國，我們的研究將繼續在歷史中關注文學，政治、經濟、法律、教育等等議題都應當再次提出，但是與既往的研究相比，新的研究不是對過去的拾遺補缺，不是如先前那樣將文學當作種種社會文化現象的例證，相反，是為了呈現文學與文化的複雜糾葛，不再執著於概念轉而注重細節的挖掘與展示。例如「經濟」不是一般的政治經濟學原理，而是具體的經濟政策、經濟

模式與影響文學文化活動的經濟行為，如出版業的運作、經濟結算方式；「政治」也不僅僅是整體的政治氛圍概括，而是民國時期具體的政治形態與政治行為，憲政、政黨組織形式，官方的社會控制政策等等；在文學一方面，也不是抽取其中的例證附著於相應的文化現象，而是新的創作細節、文本細節的全新發現。回到文學民國的現場，不僅是重新理解了民國的文化現象，也是深入把握了文學的細節，這是一種「雙向互犁」的研究，而非比附性的論證說明。例如茅盾創作《子夜》，就絕非一個簡單的「中國道路」的文學說明，它是 1930 年代中國經濟危機、社會思想衝突與茅盾個人的複雜情懷的綜合結果。解析《子夜》決不能單憑小說中的理性表述與茅盾後來的自我說明，也不能套用新民主主義論的現成歷史判斷，而必須回到「民國歷史情境」。在這裡，國家的基本經濟狀況究竟如何，世界經濟危機與民國政府的應對措施，各種經濟形態（外資經濟、民營經濟、買辦經濟等）的真實運行情況是什麼，社會階層的生存狀況與關係究竟怎樣，中國現實與知識界思想討論的關係是什麼，文學家茅盾與思想界、政治界的交往，茅盾的深層心理有哪些，他的創作經歷了怎樣的複雜過程，接受了什麼外來信息和干預，而這些干預又在多大程度上改變了茅盾，茅盾是否完全接受這些干預，或者說在哪一個層次上接受了、又在哪一個層次上抵制了轉化了，作家的意識與無意識在文本中構成怎樣的關係等等，這樣的「矛盾綜合體」才是《子夜》，「回到民國歷史」才能完整呈現《子夜》的複雜意義。

民國作為方法，當然不會拒絕外來的其它文學理論與批評視角，但是，正如前文所說，這些新的理論與批評不能理所當然就進入中國現代文學研究之中，它必須能夠與文學中國——民國時期的文學狀況相適應，並不斷接受研究者的質疑和調整。例如，就我們闡述的歷史與文學互通、互證的方法而言，似乎與歐美的近半個世紀以來的「文化研究」頗多相近，因此不妨從中有所借鑒，但是，在另外一方面，我們必須認識到，歐美的「文化研究」的具體問題——如階級研究、亞文化研究、種族研究、性別研究、大眾傳媒研究等——都來自與中國不同的環境，自然不能簡單移用。對於我們而言，更重要的可能就是一種態度的啟示：打破了文學與各種社會文化之間的間隔，在社會文化關係版圖中把握文學的意義，文學的審美個性與其中的「文化意義」交相輝映。

作為方法的民國，昭示的是中國現代文學研究「學術自主」的新可能，

它不是漂亮的口號，而是迫切的學術願望，不是招搖的旗幟，而是治學的態度，不是排斥性的宣示，而是自我反思的眞誠邀請，一句話，還期待更多的研究者投入其中，以自己尊重歷史的精神。

目

次

附　圖

圖 1　一高正門 1915 前後

圖 2　六高校舍

圖 3　六高畢業合影

圖 4　郭沫若六高畢業

圖 5　九州帝國大學醫科大學（正門左右）

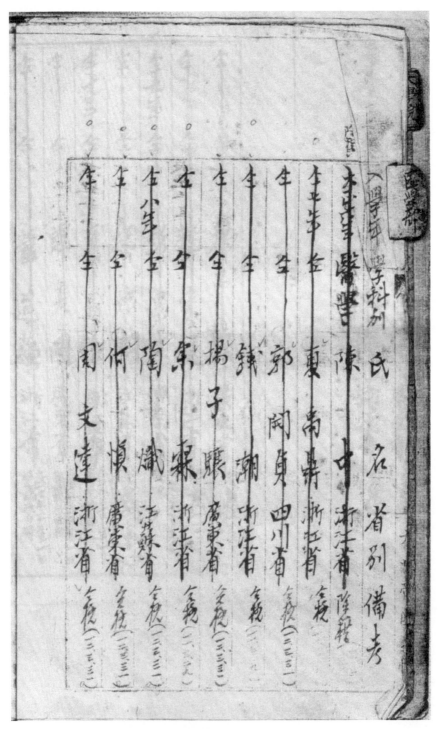

圖6　九大醫學部郭沫若同期留學生

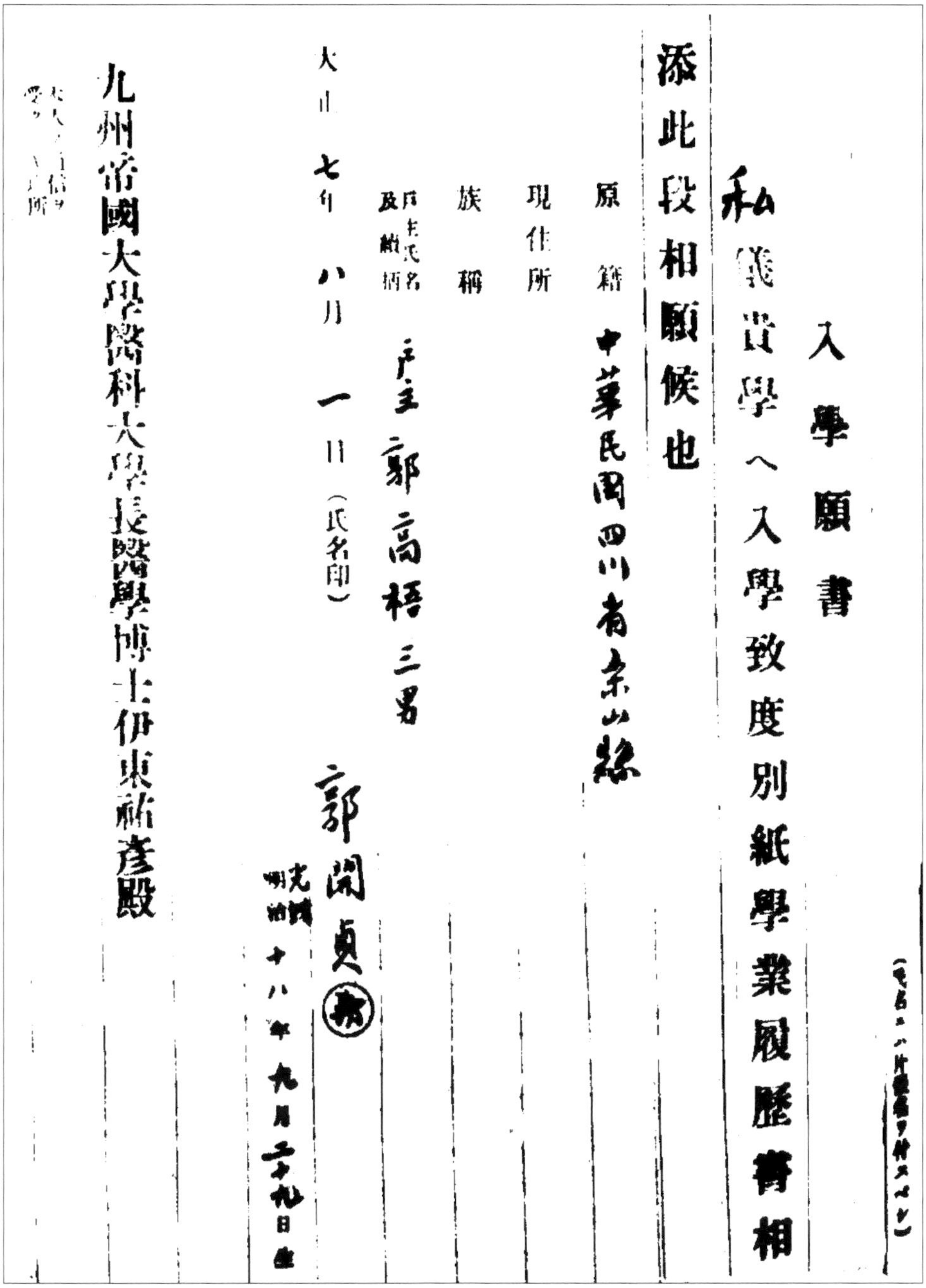

入　學　願　書

添此段相願候也

私儀貴學へ入學致度別紙學業履歷書相

原　籍　中華民國四川省東山縣

現住所

族　稱

戸主氏名
及續柄　　戸主　郭高梧　三男

大二　七月　八月　一日（氏名印）

　　　　　　　　　郭開貞㊞

沈讀明治十八年九月二十九日生

九州帝國大學醫科大學長醫學博士伊東祐彥殿

圖7　郭沫若九州帝大入學志願書

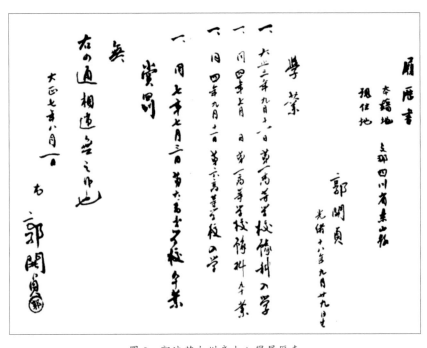

圖 8　郭沫若九州帝大入學履歷表

圖 9　九州大學醫學部畢業合影

—圖 4—

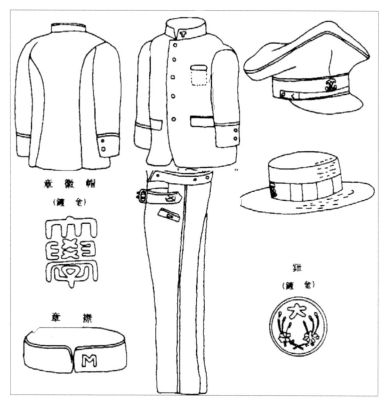

圖 10　九州大學醫學部制服制帽

圖 11　醫學部「學士鍋」活動

圖12 九州帝大總長
眞野文二博士

圖13 九州帝大醫學部長
高山正雄博士

圖14 九州帝大醫學部眼科
大西克知教授

圖15 九州帝大醫學部內科
小野寺直助教授

圖16 九州帝大醫學部
病理學中山平次郎教授

圖17 九州帝大醫學部
生理學石原誠教授

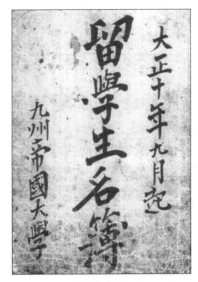

圖18 九州帝大醫學部中國留學生名簿

圖19 郭沫若參加畢業實驗

圖 20　1955 年郭沫若訪問恩師中山平次郎家

圖 21　郭沫若致小野寺恩師的信

— 圖 7 —

圖 22　抱洋閣全圖

圖 23　抱洋閣樓小樓

圖 24　「夏社」成員

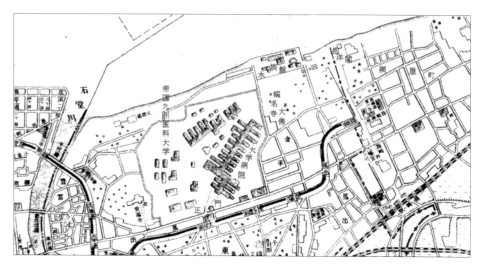

圖 25　1920 年前後的箱崎海岸

圖 26　箱崎大神社

圖 27　1919 博多灣的千代松原

圖 28　1923 年郭沫若畢業歸國

圖 29　稱名寺

圖30　博多大佛座像　　　　　　　　圖31　熊川溫泉「新屋」旅館

圖32　「新屋」附近的農家出租房間　　圖33　郭沫若在北條鏡浦海灣

—圖10—

引　子

　　經歷過 1894 年中日甲午海戰的慘敗，中國這個「泱泱大國」，才開始有所意識到自己的國力遠不及東鄰彈丸小島日本。日本的古代史，不妨說是一部追隨和模仿中國這一與之一衣帶水的文明古國和文化大國的歷史。正因爲日本自古有著這樣一個有選擇地模仿和吸收他國優秀文化的傳統，它才不固步自封，以明治維新爲新起點，撇下衰敗沒落的中國，轉而模仿並吸收西洋近代現先進且實用的科學文化。日本文化發展史上出現的這一次重大轉折，使其在極爲短暫的歷史時期內不僅得以擺脫了淪落爲西方帝國主義洋槍洋炮下的殖民地，而且還獲得了前所未有的發展，並一舉躋身世界強國之列。鄰國日本的強大，無疑爲長年自守和腐敗因而國力喪失殆盡的中國提供了一個極有說服力的成功先例。應該說清朝末年由於客觀上中國國力的極度衰竭和朝廷的腐敗無能導致了大片國土的被割讓和主權的淪喪。然而，這種前所未有的、一步步淪落爲半殖民地的撕心刮骨的劇烈創痛同時也喚醒了中華民族這頭東方沉睡的雄獅。

　　幾千年來被修煉得入神入化、登峰造極的中國傳統巫術和迷信在二十世紀西洋人包括東洋日本人的槍炮面前顯得是那麼不堪一擊。在帝國主義列強的鐵蹄下，國家瀕臨覆滅，民族即將淪亡。於是，首先由一部分先覺知識者提出的學習西洋的口號迅速成爲十九世紀末二十世紀初渴望救亡的中華民族的一種共識。

　　從東鄰日本借來的口號「富國強兵」，可以說最直截了當地反映了這一民族願望。當時的東西方帝國主義列強之中，從地理上講，日本距離中國最近，而且文字上的障礙比西洋各國少得多，再加上生活費用便宜等等具體的因

素，日本這個近代以前中國人不屑一顧的東鄰島國竟然變成了二十世紀初中國留學生學習西洋最主要的窗口。甲午海戰以後直至二十世紀初的幾十年裡，嚮往西方科學而赴日本留學的中國留學生人數有增無減。其中雖然有一部分是領取國家留學資助經費的「官費生」，但絕大多數還是依靠各省出資的「公費生」和完全自費的「私費生」。據考其頂峰時期來自中國的留學生人數超過了一萬名之多。

當時，在中國人看來，日本由於成功移植了西洋文化故已躋身西方強國之列。學日本也就意味著學西洋。甚至不少人還認為，與其以囫圇吞棗的方式良莠不分地直接從西洋引進近代物質文明，莫如經由日本間接地學習日本人經過篩選的既優良又實用的科學文化來得事半功倍。再說還有文字之便。據張星琅所著《西洋文化對支那的影響》（此處參照實藤惠秀日譯本，日本青年外交協會 1941 年 4 月 20 日出版）一書中記載，中國正式開始向日本派遣留學生是在 1897 年。首批留日學生共 13 名。由時任公使的祐庚通過日本明治政府向日本東京高等師範學校校長嘉納治五郎委派。嘉納治五郎受命培養這 13 名中國留學生而專門創辦了一所學堂。日本學者實藤惠秀及實藤遠對十九世紀末中國人留日進行過詳盡的考察。據他們父子合著的《重新認識亞洲文化》披露，嘉納治五郎為中國留學生創辦的第一所學堂其實和最普通的私塾相差無幾，而且最初並沒有校名。留學生們穿的校服是日本高等師範學校統一的學生制服。後來才給這所學堂取了個名字叫「亦樂學院」。明顯來自孔夫子「有朋自遠方來不亦樂乎」。再往後，隨著留學生培訓事業的發展，「亦樂學院」的規模相應擴建後，才把校名改為後來廣為人知的「宏文學院」。在中國，不少留日前輩在自傳和當時的書簡中或許提到過這所中國留日學生最早的搖籃，但它的前身以及創建過程卻一直鮮為人知。

「亦樂學院」第一批 13 名中國留學生中，除了 7 名因病輟學中途回國以外，其它 6 名派遣生均以優良的成績按計劃 3 年修完學業。到了十九世紀最後的一年，清朝廷開始命各省自己籌資向日本選派留學生。然而，對各地選派的留學生來說，留日首先必須跨越日語這一語言障礙難關。雖然日本文化亦屬漢字文化，但他們到了日本以後除了大體上能揣摩出日語中漢字的含意之外，既聽不懂又不會說。於是，一個叫高楠順次郎的日本人就於同年（1899）6 月創辦了一所取名為「日華學堂」的日語培訓學校，專門向中國留學生教授日語的聽說讀寫以及其它各種必要的基礎學科。日華學堂學制為一

年，畢業考試合格者根據成績可直接升入帝國大學或各類職業專門學校。隨著留日學生人數的劇增，繼日華學堂問世以後，雨後春筍般地出現了一批專門以招收培訓中國留學生爲經營手段的留學預備校。其中比較有名的就有我們比較熟知的成城學校、東京大同學校（後改名爲東亞商業學校）、東京同文學院、振武學堂、經緯學堂、實踐女子學校等等。

可以說在二十世紀的第一個十年裡，無論是中國的留日學生選派還是日本社會作出的接受姿態都走上了軌道。由於早先被選派的留日前輩們歸國後把在日本學到的西洋文明和近代科學技術帶到了國內各個重要行業尤其是政府部門，對國內的變革起到了相當重要的作用，國內各地政府爲了獲得更多的「新學」人材而爭相向日本派遣留學生，以至於在 1902～1907 這五、六年中留日中國學生的人數竟突破了萬人次大關，事實上導致了中國近代史上第一次留日熱潮的出現。

雖然二十世紀初的中國留學生不僅僅被派往日本，而亦有一部分被派往或自費留學美國、英國和法國等西方發達國家，但無論是從人數上講，還是從所學的專業上看，大批留日學生所選學的政治、軍事、法律、工學、醫學、教育等西方近代科學體系對當時中國國內的社會變革更加有用。郭沫若在《我的童年》、《學生時代》和《創造十年》三部自傳中多處言及他少年時代的師長大部分留日歸來，肩負著新時代所必要的新學傳播重任。儘管他們中間也有郭沫若嗤之以鼻的不學無術的鍍金者，然而從整體上看，不管是官費生還是公費生或者自費生，當時東渡扶桑求學的中國留學生，絕大多數都是堪稱滿懷救國之激情爲了富國強兵而渴望掌握發達國家先進的科學技術爲己國所用的中華熱血男兒。

我們在近、現代留學日本的中國人撰寫的自傳及回憶錄中很容易看到「庚子賠款」這樣一個特殊名詞。所謂「庚子賠款」，即庚子年間（1900）日、英、美、俄、德、法、意、奧八國聯軍以鎮壓義和團爲口實侵佔北京時強迫清政府簽署不平等條約《辛丑協議書》，並向清政府強行索賠的、分三十九年付清本息達九億八千二百二十三萬八千一百五十兩白銀的鉅額款項。中方那以後稱之爲「庚子賠款」，日本稱之爲「團匪賠償金」。1907 年 5 月 25 日，美國國會通過了一項議案，決定從清政府對義和團事件的賠款中抽出一部分歸還給中國。其結果，最終以美國總統令的形式，將美國軍隊鎮壓義和團實際耗費的軍用開支一千四百四十九萬三千六百三十二兩白銀扣除後的所剩中方賠款

全部歸還給中國，附加條件是要求中方將此款項用於振興教育事業。

美國退還的「庚子賠款」主要被用於選派留美和留日學生的經費開支。郭沫若 1914 年赴日留學。同他一起考上五所指定官費學校（第一高等學校、東京高等師範學校、東京高等工業學校、千葉醫學專門學校及山口高等商業學校）的中國留學生們所享受的資助，即是「庚子賠款」。前面提到當時留美留歐學生在人數上遠遠不及留日學生的事實。那麼，既然「庚子賠款」是美國退還的，那麼為什麼大多數留學生去的既不是歐洲也不是美國而是日本呢？其實，包括自費生在內的絕大多數留學生最終選定東鄰島國日本，主要有以下幾條非常具體而且重要的理由。

首先，歸國留學生們反饋回來的信息告知他們，前往有著高度物質文明和民主政治體制的歐美發達諸國留學的中國人，學成歸來後往往在母國的貧困和同胞的愚昧面前「頓生輕蔑之念。這種人素來是小事不屑，大事不會。因欲望難達而憤世嫉俗，結果導致工作責任心甚至愛國心半減。更有甚者，則怒罵自己的母國尚未完全開化」。另一方面，與歐美相比，「日本毗鄰中國，文字風俗相近」，況且「可以隨時歸國。既熟知本國情況，又不會忘卻本國的文字」。更為重要的一條是他們認為「日本人克己耐勞，飲食起居極為簡樸，其節儉程度在中國社會的中等階層以下」。因此中國留學生「留日歸來，無甚物質欲望，即便回國就業也沒有高不成低不就之弊害」（《西洋文化對支那的影響》）。不過，對中國留學生來說，日本也有它不盡如意的一面。那就是必須忍受浸透於日本社會各個階層的對中國人的歧視。這一點可以說是留日中國學生共同的切身感受。然而，日本這一特定的精神極度壓抑的社會歷史環境，事實上在十九世紀末和二十世紀初為中國培養了一大批傑出的愛國志士。無論是言論還是行動，其高昂激烈程度令留學歐美的人仰其頸背。這種現象尤其在近代以來非常突出。無論是清末駐日公使黃遵憲、戊戌變法後亡命日本的梁啓超、還是留學生魯迅或以郭沫若為首的創造社同仁，都明顯地具有這一特徵。

近代以來，中國開始把往發達國家選派留學生作為興國安邦的一大事業，而在外留學的中國學生則有著學習西方近代科學及實業以拯救祖國於亡國的邊緣的強烈集體憂患意識。特別是留日中國學生，可謂尤其如此。對他們這一屬於被欺壓民族的群體來說，富國強兵就是最能直接表達心中願望的口號。這種在熱切地企盼自己所歸屬的祖國和民族早日富強的同時，希望作

爲個體的自己也不斷充實強大的強烈願望，可以說正是一種在要求民族獨立
和解放的同時也追求個人的自由和思想解放的近現代人的意識。

　　郭沫若既是社會主義中國的一位著名的政治家，也是一位和日本有著不
解之緣的中國現代文學界的巨擘。爲了學習西洋近代科學，他於 1914 年東渡
日本留學。跟早年的魯迅一樣，郭沫若留日時期有一個由拯救國民於體到拯
救國民於心的思想轉變過程，最後也是徹底棄醫從文。作爲現代中國文壇的
大家，有關郭沫若的研究可以說早自他的處女詩集《女神》問世的 1921 年就
開始了。到了七十年代末，國內形成了被稱之爲「郭學」的規模宏大的專業
研究領域，引出了全國規模的「郭學」研究專業刊物《郭沫若研究》和中國
郭沫若研究會的問世。隨後，一些重點綜合性大學開始設立自己的郭沫若研
究會，其中四川省郭沫若研究學會還獨自創辦了《郭沫若學刊》這一專業性
季刊雜誌。大批不乏創見的「郭學」研究論文陸續在全國性及地方性專業刊
物上載出。或考或論，從整體上對少年時期的郭沫若、創造社領袖人物的郭
沫若、1927 年北伐以後的郭沫若、1936 年魯迅去世後急遽左傾的文壇風潮之
中被擁爲文藝界旗手的郭沫若等等各個階段都作了甚爲系統的研究和把握。
以 1978 年郭沫若去世爲契機迅速形成的「郭學」研究熱潮在以後的數年裡達
到沸點。

　　然而，特別是到了九十年代，儘管仍有高質量的論文推出，但論者在意
的似乎僅僅局限於視角的奇兀和觀點的新穎。也許是有意迴避冷飯重炒之
嫌的緣故。儘管在對郭沫若的傳記性研究中尚有許多重要歷史事實並未澄
清，對郭沫若一生的思想及行爲方式也未見得作出了科學合理的解釋，九
十年代的「郭學」作爲一門獨立的研究分野事實上已經名存實亡。不少頗有
建樹的郭沫若研究者和論者已經把視線和興趣轉向其它課題。搞郭沫若研
究的文章已寫不出新意，這似乎一度成了那些年比較容易讓人理解和贊同的
流行說法。

　　然而，事實上並非如此。例如郭沫若留學日本的十年和亡命日本的十年，
除了郭本人的自傳性記述以外，幾乎沒有事實考證性論文。這種空白實在與
郭沫若這樣的文學大家身份不相稱。此項空白不填，郭學研究的系統性及框
架合理性又從何談起？不過，這一課題對國內的研究者來說的確存在一定的
困難。即使國內學者利用講學或從事專題項目研究的機會赴日，也不大可能
在短時期內追蹤得到早年郭沫若留學和亡命日本時期的眞實足跡。

　　本書著重考察研究的時間段是郭沫若留日這十年。正是在這十年裡，他以一個普通的留日的日本醫科大學生的身份走上文學道路，並在日本這樣一片異國的風土文化中逐漸成長為一名對中國新文學發展來說舉足輕重的文學大家。事實上，就《女神》問世時期的中國新詩壇來說，郭沫若這個置身異國的詩人的出現顯得相當突然。一個醉心於西洋近代醫學的留學生，怎麼會突然寫起新詩來？怎麼會一開始就顯示出大手筆的風範呢？可以說，劃時代的詩集《女神》的登場在當時讓詩壇甚至整個文壇為之震撼。然而，迄今為止又有多少人瞭解《女神》這部作品創作的人文環境和留日學生詩人郭沫若的精神風貌呢？

　　在日留學期間，郭沫若在學習西洋近代自然科學的同時，也接受了西方民主主義思想及馬克思主義思想的洗禮。然而，在這種異文化的衝撞、融合的精神風土之中，究竟是一種什麼樣的因素使得他成功地創作出了《女神》那樣可以改變中國現代詩歌發展之流向的強有力的作品呢？這是其一。對此，迄今為止亦不乏假說。但疑問仍然沒有得到解答。另一個問題是過去的研究形成了一種定說，把郭沫若在思想上驟然間轉向馬克思主義的具件時間認定為 1924 年。對此，我們是不是可以通過他在五四退潮期寫下的第二部作品集《星空》以及同一時期的文學批評等等來追蹤其思想嬗變的足跡，從而進一步捕捉促成其思想發生急遽變化的主要原因呢？

　　除此之外，本書試從小說家的視角對郭沫若進行了把握。一方面解剖他 1924 年寫下的一批小說的結構以考察他的早期小說觀念的內涵，另一方面通過分析其早期小說的原型去把握作者究竟想通過作品想讀者訴說什麼。

　　可以說本書作者就是帶著如此這般強烈的問題意識著手本課題的研究的。本書以實證考察郭沫若留日時期的文學活動、留學情況以及創作環境為主軸，並立足於作家生存狀態的考察並將其結果導入文學作品的研究之中。追蹤郭沫若留日時代的足跡，探索青年郭沫若與在海外的政治思想和文學思想等方面的受容關係，以事實重塑郭沫若從一介留學生到現代中國最具有代表性的文學者的整個成長過程，還原更真實的青年詩人郭沫若的人物形象。這，可以說是從事本課題研究最主要的目的。然而最終目的決不僅僅如此。筆者所希望達到的最終目的有兩個層次。一是利用科學研究之法得到某種結論。二是基於該結論超越郭沫若個案研究的意義，以觀照現代中國知識者群體的精神構造之一般。

　　本書的展開分爲傳記性研究、文學作品研究和思想研究三大部分。傳記性研究主要對郭沫若自 1914 年初抵達日本起經由東京的日語補習學校，第一高等學校特設預科，第六高等學校，最後畢業於九州帝國大學爲時整整十年的留學活動以及實際生存狀況進行了詳細的調查和考證。側重點放在了他的留學情況、家庭生活、朋友交往和師生關係等等過去一直沒有弄清的細節問題上，並力圖指出這一切對郭沫若的文學創作以及文學思想形成所造成的正負兩方面的深刻影響。

　　在文學作品研究這一部分裏，著重考察了過去的研究中不夠重視的自留日起至六高畢業這一階段的可稱之爲留日早期的文學創作活動以及作品創作的背景，試圖究明支撐郭沫若早期文學創作的、截止作爲新詩人在詩壇嶄露頭角之前的所謂助跑階段的精神結構。在新詩論說這一方面，主要圍繞創作於留日時代、給予同時代新詩壇以劇烈震撼的詩集《女神》來探討郭沫若的口語體新詩。在參照詩人當時的文學觀驗證其這部不朽的詩集的同時，比較分析中國現代口語新詩先驅者七人的同時代探索性作品。爲了避免與過去的《女神》論有所重複，本書特意試從新的角度切入，即把郭沫若的《女神》置入五四前後中國現代新詩誕生、發展、成熟的實際歷史大語境中去考察，去評估《女神》的存在意義和價值，甚至去給「郭沫若式」中國現代新詩定位。《女神》應該說是詩人郭沫若在創作上到達的頂峰之巔。就連他本人也直言不諱地承認他自己在《女神》以後嚴格說來已不再是詩人。本課題在詩論方面理所當然地把重點放在了《女神》的研究上。在研究方法論上本書亦與過去眾多論者不盡相同。本書在這方面顯出的個性之一，即將《女神》所收錄的全部作品以及同一時期創作發表過的、未收入全集和其它詩集的佚詩按照創作手法進行詳細分類和歸納。

　　在思想研究這一部分裏，本書提出郭沫若從縱橫兩個方面接受了本國的傳統思想和西方近現代思想的觀點。過去已經有不少論者提到過郭沫若在橫向上主要吸收的是泛神論。本書中在論及此時試運用他的詩歌材料來重新探討這一貌似陳舊的問題，同時把重點放在澄清前人所指出的郭沫若的泛神論思想中究竟哪些成分屬於外來思想，哪些成分屬於具有郭沫若個性的泛神主義思想。由於五四時期郭沫若的思想內涵廣泛地涉及到來自泰戈爾、惠特曼、歌德和斯賓諾塞等人影響的問題，所以本書在這一部分用了較多的筆墨去分析在郭沫若文藝思想中佔有相當大比重的西方近現代思想的構成，從而揭示

郭沫若對這些外來思想的受容過程。此外，在這一部分裏，還從留日時期郭沫若的總體思想裡剝離出傳統儒學思想及老莊思想的要素，藉以更加準確地把握郭沫若青年時代的傳統文化意識。

就中國現代知識者的總體思維模式和行為模式而論，最具代表性的人物就是郭沫若。若論其典型性，可謂無人能出其右。郭沫若這樣一個出現於五四新文化運動前後的時代弄潮兒，無論是作為文學家還是史學家，或者是作為政治活動家，其存在都是第一流的。回顧百年中國現代史，我們不妨說郭沫若所走過的道路也就是絕大多數中國知識者們走過、或正在走著的道路。由此，我們將會發現郭沫若研究的最大意義和價值所在。

本書寫在日本。筆者從事留日時期郭沫若專題研究，對流行於日本同行學界的那種認為只要搞懂了魯迅也就等於搞懂了中國知識分子或中國人的觀念實在不以為然。長期以來，日本學界對於從事魯迅研究顯示出極大的興趣和執著，學者們說他們從魯迅身上可以學到許多人的優良品質，然而從郭沫若身上又能學到什麼？在日本，魯迅和周作人被視為日本人的最佳理解者，也就是當今我們說的「知日派」代表人物。這種「知日派」還包括了創造社的郁達夫和陶晶孫，而郭沫若卻一直被排除在這個圈子之外。日本學者們無論如何也不能理解、更不能原諒文革初期郭沫若所作的違心的徹底自我否定，因為他們堅持認為那無異於知識分子的精神墮落。於是日本學界便有了對郭沫若其人甚至對郭沫若研究本身嗤之以鼻的現象。說得極端一點，在日本談起郭沫若，往往讓人聯想到功利主義、時左時右、背信棄義等等用來形容人品德操行低下的詞藻。

必須指出，學術界這種嚴重帶有感情色彩的現象無疑反映出日本研究界的不成熟。郭沫若畢竟是五四中國文化轉型時期出現的知識分子的代表，屬於繼往開來的文壇領袖人物。他的思維和行為必然為他所代表的那個知識分子群體提供某種範式。儘管這種範式的某些成分在後來漫長的歲月裡幾乎導致了許多人的自我迷失甚至更加不良的後果，但這畢竟是二十世紀中國知識群體活生生的不可否認的現實。所以，從這個意義上來講，如果撇開郭沫若研究，要想全面和準確地把握現代中國知識群體的精神結構和變化，要想把握中國現代文學史的進程規律，可以說近於空談。筆者在中日兩國學術界一貫堅持自己的觀點：能夠真正代表現代中國知識群體的精神軌跡和思維方式的人物，是郭沫若而不是魯迅。

第一部　留日生活考證篇

第一章 有關郭沫若與日本第一高等學校特設預科的詳細考察

敘　說

　　關於日本舊制第一高等學校預科時期郭沫若留學活動的考察，本文除了從事郭沫若傳記研究時經常參考引用的沫若自傳《創造十年》（1932）、《我的學生時代》（1942）和郭沫若本人撰寫的《五十年譜》（1941）三項重要資料以外，主要以日本《第一高等學校六十年史》（第一高等學校 1939.3.31 發行。以下簡稱《一高史》）、《櫻花書簡》（四川人民出版社 1981.8 初版）、小說《牧羊哀話》（1919）、自敘傳《月蝕》（1923）、文藝評論《太戈兒來華的我見》（1923）、《王陽明禮贊》（1924）六種資料和二十世紀三十年代亡命日本時期寫下的回憶錄《離滬以前》（1933）、《自然追懷》（1934）、《我的作詩的經過》（1936）、《郭沫若談作詩》（1936）、《鳧進文藝的新潮》（1945）共 11 種郭沫若本人留下的第一手資料爲依據。另外，本文還參考了創造社同人或當時留學日本的同窗的回憶錄等 7 種重要資料（黑田壽男《六高時代的郭沫若》、倉田貞美《六高時代的郭沫若先生》、陶晶孫《中央供給處的小偷》、《漢文先生的風格》、錢潮《回憶郭沫若早年在日本的學習生活》、張資平《曙新期的創造社》、成仿吾《懷念郭沫若》）。因資料不足或不夠翔實而不能充分展開的問題，在新的史料被發現之前只能暫付厥如。

第一節　赴日留學的契機
──「海棠香國」的鄉村少年走出夔門

　　根據筆者最新發現的郭沫若進入日本九州帝國大學醫科分科大學（現稱醫學部）留學時提交的入學自願書中親筆記載，郭沫若（大學時代使用筆名「沫若」之前一直用本名「開貞」。出於本文表述上的方便，以下統稱「郭沫若」）於公元 1892 年 11 月 18 日〔註1〕生於四川省嘉定府樂山縣觀峨鄉沙灣鎮一家姓郭的地主家庭。樂山縣觀峨鄉沙灣鎮一帶位於峨眉山麓，爲湍湍大渡河之激流和清澄見底的青衣江所環抱，自古就有「海棠香國」之稱。郭沫若 6 歲入本族私塾「綏山山館」，少年時代熟讀《三字經》《詩品》《詩經》《春秋》《古文觀止》和《唐詩》，13 歲（1905 年）開始背著父母耽讀《西廂記》《西湖佳話》《花月痕》等少年禁讀書籍。同年秋天，科舉制廢除，樂山縣高等小學校應「新學」之時運而生。郭沫若在第一次入學選拔考試 200 名及格者中名列前 27 名，爾後又在第二次考試 90 名及格者中名列前 11 位。入學後第一學期考試成績的公佈，使名列榜首的郭沫若頃刻間在學校成名。然而正因爲他出人頭地而遭到了年長的同學的嫉妒。校方偏信偏疑，爲了阻止學生鬧事竟將當事人郭沫若的成績名次降至第 3 名。這件事，給 14 歲的郭沫若心裡投下了一條難以抹去的陰影。用他自己的話說，這是他一生中「開始接觸人性的惡濁面」和「內心的叛逆性被培植」了的「第一個轉折點」〔註2〕。儘管這以後的一段時期他的學習成績仍然優秀，但過早而且過度地沉溺於煙酒和玩世不恭顯示出他少年時期人格成長過程中的動搖。這期間，郭沫若的長兄開文（橙塢）和二兄開佐（翊新）赴日留學。1907 年秋天，郭沫若高小畢業後考入嘉定府中學。然而，由於他認定當時的中學教師無人能夠滿足他日益旺盛的知識欲和好奇心，因而變得更加浪蕩不羈，整天「只想離開故鄉，近則想跑成都，遠則想跑北京上海，更遠則想跑日本或美國（《學生時代》）」。1910 年 2 月，郭沫若考入設在成都的四川高等分設中學堂，邁出了離

〔註1〕《郭沫若年譜》中依據郭沫若 1928 年創作的自傳《我的童年》中「一八九二年的秋天生出了我。……我是生在陰曆九月尾上，日期是二十七」的記載作 1892（光緒 18）年 11 月 16 日（夏曆壬辰九月二十七日）。本文所依據的九州帝國大學入學自願書。這份新發現的史料第一是郭沫若親筆手書，第二從寫作時間上判斷較自傳《我的童年》可信。故筆者認爲，郭沫若出生的準確日期應爲陰曆 1892 年 9 月 29 日、即陽曆 1892 年 11 月 18 日。

〔註2〕郭沫若《我的學生時代》。1942 年 6 月桂林《野草》月刊第 4 卷第 3 期。

鄉遠走的第一步。1911 年 10 月，震撼世界的中國辛亥革命爆發。中學生郭沫若作出的第一個反應就是「把辮子剪了（《反正前後》）」。隨之四川高等分設中學與成都府中學合併。1912 年冬，郭沫若自成都府中學校畢業並考入成都高等學校理科。同年夏天，在父母媒妁的安排包辦下與同鄉張瓊華女士在家鄉完婚。高中入學 3 個月後，一個偶然的機會使他實現了赴大城市求學的願望。

　　1913 年 6 月，天津陸軍醫學校在全國各省招生。郭沫若的名字出現在 6 名四川考生合格者名單上。從學歷上看，天津陸軍醫學校和成都高等學校同屬高中，故對郭沫若來說並不意味著升學。此外，他自願報考軍醫學校也並非出於對醫學的愛好，而是「因為醫學校是官費，連旅費也不讓你出一個錢，好藉此以離開四川而已」〔註3〕。至於到了天津以後會怎麼樣，人生的下一個目標是什麼，這些對一心想離開家鄉遠走高飛的郭沫若來說都是未知數。考中天津陸軍醫學校在當時可以說是他的理想的最大實現。下面這首詩不妨視為他當時如願以償後的感懷。

　　　　醉眼欲窮天下勢，攬衣直上最高臺。大叫狂生郭八來，但聽山
　　壑呼長諾。〔註4〕

　　最讓人難以琢磨的是郭沫若千里迢迢抵達目的地天津以後的行動。到了天津以後，郭沫若立刻參加了入學考試並合格。然而他卻不辦理入學手續而是乘上了開往北京的火車。儘管他對當時突然改變主意放棄進軍醫學校學醫的斷然之舉所作的解釋是「堂皇的軍醫學校竟沒有一名外國教習，竟沒有一位大有名聲的中國教員」（《初出夔門》），但實際上他當初並沒有真正打算學醫而只是利用天津軍醫學校支付的旅費實現自己離家遠走高飛的夢想。在這之前，一切都只能走一步看一步。事實上郭沫若自己事先也沒想到到了天津後的去留選擇會成為他「人生中的第二個轉折點」（《我的學生時代》）。

　　郭沫若的長兄郭開文雖然在東京帝國大學法律系留學 4 年，但最終並未完成學業。他回國後曾一度出任四川省軍政府底下的交通部部長。郭沫若考上天津軍醫學校時他擔任的職務是四川省政府駐北京辦事處代表。郭沫若到北京投奔其長兄時，並沒有想到赴日本留學。心想長兄如父，相信只要到了長兄處，總會有辦法的。他的這種突發性選擇可以說是孤注一擲。因為直至

〔註3〕郭沫若：〈初出夔門〉，1936 年 10 月上海不二書店出版《羔蹄》所收。
〔註4〕《郭沫若早年作品三篇》，《新文學史料》1982 年第 4 期。

到了北京他的腦子裏都還沒有一幅人生前景的藍圖。另一方面，郭開文當時身為駐京的四川代表，但實際上由於民國大總統袁世凱對四川軍閥的控制而沒有任何實權。他覺得即便把胞弟留在身邊其生活和前途都無法保障，於是好言規勸郭沫若返迴天津軍醫學校。郭沫若見長兄實在為難，才意識到事情的嚴重性。直到長兄郭開文學生時代的好友張次瑜赴日考察前來辭行時提出建議讓郭沫若到日本留學為止，郭沫若作出的最後選擇是「回四川去……改行經商，留在家裏代替父親管理家務」（《初出夔門》）。

隨張次瑜由北路經由朝鮮東渡日本，力爭在東京準備半年然後考取官費留學生的資格，以及翌日晚上登程等等有關留日事宜，一切都是在那一年的 12 月 27 日晚上定下來的。可以說郭沫若赴日留學這件事完全是出於一種偶然，事前不曾有過任何計劃和安排。

第二節　實現夢想的第一步
──從東京日語補習學校到官費留學生

　　久欲奮飛萬里遊，茫茫大願總難售。〔註5〕

郭沫若乘坐的列車沿京奉鐵路北上，經山海關、奉天、安東，駛向朝鮮半島上的釜山。郭沫若手裏緊緊攥著長兄郭開文給他的基本夠用半年的生活費──一根 6 兩重的金條，無意觀賞車窗外北國的素裏銀裝，向著北京的長兄、向著故里的父老鄉親在心裏暗暗發誓：「如於半年之內考不上官費學校」，就「跳進東海裡去淹死」！（《初出夔門》）

列車經過長途跋涉，在 1913 年的最後一天抵達釜山。郭沫若暫時寄居在長兄昔日的同學、時任中華民國駐釜山領事館領事的柯階榮處。一個星期後的 1914 年 1 月 13 日，便乘船渡海到達目的地東京，從此開始了他長達十年的日本留學生活。

關於郭沫若 1914 年 1 月 13 日抵達東京以後的情況，我們只能根據郭沫若本人當時的家書捕捉到一部分事實。下文中出現的人名、地址、款項金額、日期以及事件內容等基本上以他當時從東京寄往樂山的家書為據。

首先，讓我們順著郭沫若到達東京後的住址這條線開始考察。

〔註5〕郭沫若：〈寄先夫愚〉。四川人民出版社 1979 年 10 月初版《郭沫若少年詩稿》所收。

　　收入《櫻花書簡》的寄自東京的第一封家書落款日期是 1914 年 2 月 12 日。該信所用封筒上書有「東京小石川大塚戶村方郭寄」字樣。「戶村方郭寄」幾個字是日文，意即「由戶村轉寄的郭氏原發信件」。由此可以得知在投寄這封信時郭沫若寄宿在東京小石川大塚一家姓戶村的日本人家裏（1914 年 9 月 29 日致郭開成信的封筒上作「東京小石川大塚窪二四戶村方」，疑爲同一住址）。這封信提供了以下幾點有關當時郭沫若乍到東京的情況。

　　（一）和長兄的中學同學楊伯欽同住。此人「品行端正」。二人合租一間屋，租金每月 15 日元，各付一半。

　　（二）東京「生活程度頗高」，但自己「吃食儉嗇」，「朝食麵包兩大塊，白糖一碟，牛乳一瓶，午晚兩餐均繫菜一盤，飯一小甑，鹹菜一碟而已」。此外，取暖用木炭一天得花費日元 10 錢，其價錢相當於家鄉樂山的 10 倍。

　　（三）已將長兄給的金條兌換成 365 日元。從北京到東京途中費用 200 日元由張次瑜墊付，現已還清。到東京後購置桌椅、寢具以及衣物等花費 70 日元。日語補習學校每月學費加上生活費不下 30 日元。手中所剩 180 日元如果省吃儉用可以維持到 7 月分的官費留學生資格考試。

　　（四）每天步行到神田日語學校上課。兩地相距 4 公里餘。返回時乘坐電車以不誤寄宿處晚飯時間。

　　（五）常常與同鄉前輩吳鹿蘋見面〔註6〕。吳鹿蘋即郭沫若胞妹郭蕙貞的丈夫吳鹿芹的長兄，郭家提供的資料顯示，吳鹿蘋也是畢業於日本第一高等學校。高三時曾將三年級英語教材裏面的泰戈爾的詩歌作品帶迴學生宿舍，給郭沫若提供了人生首次與泰戈爾邂逅的機會。吳鹿蘋 1915 年 9 月升入九州大學工學部，4 年後肄業退學。大學二年級時與一位叫松本依預子的日本女性結婚。

　　從這封信中，我們還可以讀出郭沫若開始比較冷靜地對待自己將要面臨的官費留學生資格考試的微妙心理變化。他在信中說：「暑假之內，如<u>萬一能考得官費學校，則家中以後盡可不必貼補</u>（底線筆者）」。進日語學校已有一月餘，想必已從同鄉前輩及其它留學生處收集到不少信息。此時此刻的郭沫若已經不再是離開北京時那個對長兄和家鄉的父母發誓賭咒「如於半年之內

〔註 6〕1997 年 11 月曾在九州大學工學部圖書室及學生科的大力協助下，筆者詳細調查了大正 3 年至 5 年期間工學部各個專業所屬的入學者名簿、入學志願書和履曆表等學生檔案，不知何故沒有發現有姓吳的中國留學生的名字。

考不上官費學校」，就立馬「跳進東海裡去淹死！」的他了。中學時代爲了表示對現行教育的不滿而一度抽煙酗酒、玩世不恭的郭沫若，一旦到了必須獨自一人面對異國社會的時候，他不但即刻戒了煙酒，而且還對父母表示「自今後，當痛自刷新，力求實際學業成就（引自同一家書）」。關於官費學校的情況，來日本之前從長兄處多少有些瞭解。當時日本有 5 所學校和中華民國政府簽有爲中國培養留學生的協議。培養費分爲國費和公費。國費生基本上依靠部分歸還的庚子賠款，公費生則由各省自己出資。簽約 5 校爲：第一高等學校、東京高等師範學校、東京高等工業學校、千葉醫學專門學校和山口高等商業學校〔註7〕。後來山口高等商業學校停止了招收中國留學生，故民國留學生的選擇對象實際上只有位於東京周邊的前述 4 所學校。只要能考上這 4 所學校中的任何一所，都能夠從本國獲得全額留學經費。爲此，報考這 4 所學校的中國人非常多，因此合格率就很低。有些人甚至「考了八、九年都還沒有考進去」（《我的學生時代》）。

在 3 月 14 日的家書《櫻花書簡》中，郭沫若向父母談及自己不惜千里之遙來到日本的目的和報考自願。

> 男來東留學，志向在實業及醫學兩途，寓東年限，舉不能定，蓋來此目的，即如正月家稟所言，爲希圖博得官費到手，……將來應考學校，以東京四校爲準。四校即師範、高工、千葉醫校、第一高等，此四校乃政府與日人特爲立約官費，較爲可靠故也。然四校

〔註7〕據《一高六十年史》（昭和 14 年 3 月 31 日第一高等學校編）中「特設預科及特設高等科」章節記載，明治 40（西曆 1907）年清國公使李家駒與日本文部省交涉並與之簽署了文部省直屬 5 校（最初爲 11 校）接受清國留學生的協定。鑒於此史料的重要性，本文特以日文原文進行摘要。

「一、明治四十一年以降、十五年間、每年、第一高等學校二六十五名、京高等師範學校二二十五名、東京高等工業學校二四十名、山口高等商業學校二二十五名、千葉醫學專門學校二二十名合計百六十五名ノ清國留學生ノ入學を許可ス。清國ハソノ爲學生一名二対シ二百圓乃至二百五十圓ノ割合ニテ、（公使館ノ手ヲ経テ）當該學校ニソノ教育費ヲ納ム。二、右百六十五名ノ中、直隸、奉天、山東、河南、江蘇、江西、安徽、浙江、福建、湖北、湖南、廣東、四川等ノ大省ハ各九名、吉林、黑龍江、山西、陝西、甘肅、新疆、廣西、貴州、雲南等ノ小省ハ各六名ノ留學生ヲ出シ、夫々ソノ經費ヲ分擔ス。三、各校ノ競爭入學試驗二及第セル者ガ、コノ官費生トシテ採用サル、モノニシテ、學生ノ教育費（補助費）ト學費トハ、一名一年分平均日本金六百五十圓トス」。

中，師範非男所願，則僅三校巳耳。三校中，如得考上高工、千葉，則三年後，可望回國。如考上第一高等，則卒業後，自應再入帝大肆業，必七年後方得有望。

　　僅從郭沫若在這封信中言及的報考計劃來看，郭沫若來日本的目的只是爲了考取官費留學生的資格。剛開始並沒有進大學、甚至進帝國大學留學的念頭。此外，信中隻字未提及具體想學什麼專業。所謂「志向在實業及醫學兩途」，可以說是五四時期中國在外留學生們受近現代啓蒙思想家的影響所作出的時髦選擇。一是因爲不甘繼續做「東亞病夫」，二是認定科學能夠救國。

　　在到達東京兩個月後寫下的這封家書中，郭沫若第一次提到自己在神田的日語學校補習日語的情況。他這樣寫道：「男來東兩月矣，尋常話少能上口，近已開手作文，雖不見佳妙，也能暢所欲言無苦，書籍文報，漸能瞭解……」。到東京以後一直和同鄉前輩楊伯欽住在一起，除了去神田的日語學校上課，平時極少外出。雖然他的日語會話和聽說能力由於缺少練習的機會進步不大，但每天忙於準備各種基礎科目加上練習日語作文和文章讀解，兩個月以來不知不覺日文閱讀能力有了明顯的提高。

　　彈指間郭沫若在東京迎來了第一個夏天。他報考的三所學校之一的東京高等工業學校在 6 月初舉行了入學考試。郭沫若在正式接到該校發出的不合格通知後於 6 月 6 日將考試結果稟報父母。同一家書中寫道：「七月內將應考東京第一高等（現在吳鹿蘋即住此校）及千葉醫學，兩者之中有一考上便是萬幸，不然男意則不欲久留此也」。字裏行間可見他在考東京高等工業學校落榜後把最後的希望寄託在一高和千葉醫專上所顯露的內心的不安。另一方面，爲了減少他因爲經費告罄而背水一戰的心理壓力，不但父母從四川託人帶來二百銀元，長兄郭開文也從北京匯往東京二百銀票。從郭沫若的自傳來看，在那個年代，無論是他的父母還是長兄都決非富裕。這種關鍵時刻顯示出的父母愛和手足情不僅僅成爲了當時郭沫若進取之心最堅實的支撐，這種親情甚至影響到貫穿他整個前半生的樂觀主義人生觀的形成。

　　郭沫若在收到父母和長兄的經濟援助後，在回信中寫道：「計算今年即不能考上官費學校，爲數已盡支持至明年暑間，官費誓可到手……」（1914.6.21日家書）。從這封信可以看出郭沫若完全排除了經濟上的後顧之憂以後的精神狀態的穩定。如果說當時沒有來自父母和長兄的感情和經濟兩方面的支

持，郭沫若完全可能因爲心理負擔過重而造成一高和千葉醫專兩所學校榜上無名。

第三節　學醫的緣由──日本舊制高中名門第一高等　學校特設預科

　　1914 年 7 月，郭沫若順利通過了日本第一高等學校特設預科第三部的入學考試。該預科專爲中國留學生設置〔註8〕（當時的一高校舍圖片，參見前面圖片資料 1）。第一部是文學哲學、政法、經濟科。第二部屬理工科。第三部爲醫科〔註9〕。應考之前考生必須選好自己希望進的學科。如果考試及格，各科的中國留學生先在一起補習一年的基礎學科（特設預科）然後再編入高等學校本科，進入和日本學生一樣的課程。日本舊制高等學校學制爲 3 年。規定科目全部修完後，只有考試及格的人才有享受免試升入帝國大學的資格。關於當時選擇第三部應考的理由，郭沫若雖然在同時期的家書中幾乎沒有提及，但在自傳《我的學生時代》中卻有披露。其實，他選擇醫學的理由十分簡單。首先，他對當時最熱門的第一部「政法經濟已起了一種厭惡的心理，不屑學；文哲覺得無補於實際，不願學；理工科是最切實的了，然而因爲數學成了畏途，又不敢學；於是乎便選擇了醫科」。

　　從以上回想記看，郭沫若當時選擇醫學之路實屬無奈之舉。儘管如此，這並不等於說他當時對現代醫學的重要性沒有足夠的認識。考中一高后，在開始上課的 5 天前寫下的致父母的書信中就表示過學醫的決心。他在信中說：「男現立志學醫，無復他顧，以醫學一道，近日頗爲重要。……學成可不靠人，自可有用也」（1914.9.6 日家書）。此外還在致三哥郭開成的信中提到自己可能成爲外科醫生，「將來業成歸來，只是手把刀來勉強糊口腹耳」（1914.9.29 日致郭開成信）的人生設計。可以看出，進入一高后的郭沫若和一年前報考天津陸軍醫學校時的他相比，儼然判若二人。從前的他一貫自恃

〔註 8〕　據《一高六十年史》第 471 頁記載，一高「自明治 41 年 4 月開始爲支那留學生特設預科，通過考試錄取，在校期爲 1 年（最初爲 1 年半），對學生施行預備教育，修了後分配到本校或其它高等學校，以開拓升入帝國大學的途徑」。

〔註 9〕　據《一高六十年史》第 473 頁記載，一高特設預科在校中國留學生按一、二、三部授課的體制持續至大正 8 年。大正 8 年至 12 年期間曾改從前的三部爲文理二科。

天資過人而玩世不恭，如今開始「認眞是想學一點醫，來作爲對於國家社會的切實貢獻」（《我的學生時代》）。

郭沫若跟其它考上一高特設預科的中國留學生一樣很快就從中華民國駐東京留學生管理處領到了官費（每月 33 元——1914.8.29 日家書）。一高和帝國大學一樣第一學期要 9 月 10 日才開學，郭沫若邀約四川同鄉楊伯欽和吳鹿蘋一起到東京近郊的千葉縣房州北條海岸去海水浴（《自然的追懷》）。當時的家書裡很不經意地提到該年夏天東京氣溫酷熱異常，很明顯他們去房州是爲了避暑。據當事者吳鹿蘋的回憶，當時他們在房州「租了一間房子避暑，自己燒飯，住了約 3、4 個星期」。當時才離開四川不久的郭沫若「還不怎麼會鳧水，有一天他獨自一人跑到海邊去游泳，差點給淹死了，被一個日本人把他救起來……」〔註 10〕。

一高開學後不久，一直和郭沫若同居一室的楊伯欽於 10 月回國了。從此以後郭沫若一個人必須支付原來兩個人分擔的房租。考慮到位於小石川的大塚距一高太遠，加之房租不合算，郭沫若就決定和遠親吳鹿蘋以及另一位浙江出身的同學葉季孚三人在學校附近另外合租了一套住房。同月 23 日的家書中披露的該處住址爲——本鄉區眞砂町二五番地修園。郭沫若到東京以後一直住在小石川的大塚，即便是考上一高后去房州避暑期間也沒有遷居。這就是說，只要這一結論不被新發現的事實根據所推翻，那麼這個住址就應該是郭沫若到日本後的第二個住址。

郭沫若遷居到本鄉區以後，生活上發生了一些變化。據同居一處的吳鹿蘋回憶，郭沫若考入一高預科的同時，吳鹿蘋升入該校的三年級。修園的住房是上下 2 層。郭沫若和吳鹿蘋住樓上，葉季孚住樓下。房租各付三分之一，另外還專門雇了一個日本女人做飯。這樣的生活過了一年。在此期間，前輩吳鹿蘋經常爲郭沫若補習日語和英文（《櫻花書簡》，第 40 頁）。郭沫若似乎對新居頗爲滿意，他在家書中向父母雙親報告說：「男現居修園甚清潔，最宜讀書，較前日住大塚時，饒有興致也」（1914.11.16 日家書）。

筆者在考察郭沫若當時的各種信函和後來寫下的自傳時，除了以下一項內容含糊的材料以外，幾乎沒有發現任何屬於他於當時留下來的、有關日本一高預科在校時期學習情況的第一手資料。

今日已十二月二日矣，試驗在即，預備殊多忙意，正是，閒時

〔註 10〕唐明中、黃高斌編注：《櫻花書簡》，四川人民出版社 1981 年，第 27、34 頁。

不燒香，急來抱佛腳，真是該打（1914.12.2 日家書）。

信中提到的「試驗」是日文，意即考試。大致日期為 12 月，我們憑此可以判斷郭沫若提到的這次「試驗」就是一高特設預科第一學期的期末考試。據吳鹿蘋的回憶，在所有的必修科目中，郭沫若最不喜歡的是數學。在一高第一學期期末考試期間，他特意請第二部的前輩吳鹿蘋為他出數學模擬題，結果考試時 10 道題竟然有 3 道被僥倖猜中。

那麼，郭沫若留學一高特設預科時究竟學了些什麼科目呢？據《一高史》記載，當時的課程設置「大正十四年八月十一日新制定其有關規程以前，曾有另行規定。新制定的規程基本上按在先實施的舊規程制定，故即便是根據新規程也能對從前的特設預科的教育狀況有所瞭解」〔註 11〕。根據該書中公開的《清國留學生必修學科科目及每周授課時間表》，我們大致可以推察出郭沫若在校期間所修科目以及每周的課時。以下即根據該表製作成的一高特設預科第三部必修科目及每周的課程節數表。

學科	倫理	日語	漢文	英語	德語	數學	物理	化學	博物	圖畫	體操	合計
I	2	6		4	3	5	2	2	2	3	3	32
II	2	6		4	3	6	2	2	2	3	3	33
III	2	6		8	3	6	2	2	2	3	3	37
IV	2	6		4	3	4	2	2	2	3	3	31
V	1	5	2	6	2	6	2	2	2	3	3	34

圖表注：此表為一高自明治 41 年 4 月創設起至明治 42 年 7 月止一年半的每周上課時間節數。I～V 為特設預科在校期間的 5 個學期。

第二學期以後，郭沫若的經濟狀況發生了較大的變化。不但父母和長兄託人帶來或寄來的生活費綽綽有餘，此外每月還可以從中華民國留學生處領到 33 元的「官費」。在經濟上比較寬裕以後，他特意在東京買了一塊金表和一條金項鏈寄給樂山家鄉的父母以報答養育之恩。金表價值 27 元 5 角，金項鏈價值 8 元（筆者查得當時日元與中國銀元的兌換價為 1 日元＝9 錢中國銀），可以算得上相當高檔的商品了。此外，這時候的郭沫若開始在銀行有了自己的帳戶。到了 1915 年的 3 月，他甚至從用不完的生活費中拿出 80 餘元借給同級的四川同鄉李君茂（1915.3.3 日家書）。

〔註11〕《一高六十年史》，第 473 頁。

第四節　留日中國學生的第一次集體歸國學潮

　　1915 年 1 月，日本政府大隈重信內閣以對袁世凱實現帝制表示支持爲誘餌，提出要求在中國擴大日本權益的二十一條並強迫中國政府接受。以此爲契機，以大學生和一般市民爲主要參加者的反對接受不合理的二十一條的大規模請願運動以及排日運動頃刻間在中國各地鋪展開來。國內的政治風潮迅速波及海外留學生。我們通過郭沫若的《創造十年》和夏衍的《懶尋舊夢》等從個人視角記錄下來的史料可以對 1915 年反對《對華二十一條》的民主主義運動有所瞭解。當時日本的新聞媒介對在日中國留學生們展開活動以響應中國國內的排日、反日民眾運動進行了追蹤報導。留學生作出的響應即集體罷課歸國。

　　那麼，在遍及全日本的大規模中國留學生的集體歸國風潮中，郭沫若又採取了怎樣的行動呢？《創造十年》中提到同年 5 月和數名同學一起回了國，卻沒有言及在這之前他本人的態度以及由於《對華二十一條》而日益緊張化的中日兩國關係的認識。下面，以郭沫若當時的書信爲依據來考察以上幾個問題。

　　首先看 1915 年 3 月 27 日致父母的家書。

　　　　近日中日交涉事件，甚爲棘手，一般輿論，大是騰湧。吾川地僻，消息不寧，想傳聞溢實，必更加一層喧騷駭異也。男居此邦，日內依然上課，留學界雖有絡繹歸國者，然多屬私費生，至官費學生，則並未曾動也（下略）〔註12〕。

　　仔細想來，郭沫若信中所言既合情亦合理。因爲留學生集體歸國是對國內排日、反日民眾運動以及反政府腐敗賣國的請願運動的一種聲援，開罪於政府那是理所當然。國費留學生的在日生活費用和學費全都被捏在中華民國留學生處這一國內政府代表部門手中，所以國費生由於自己的處境不同而不能像私費生那樣敢隨便違背政府的意志。他們知道自己國費生資格一旦被剝奪，將葬送整個學業和前途。即便是在靜觀事態的發展過程中證實了國內傳來的消息屬實，對在日國費留學生來說，也必須面臨一種非常愼重的選擇：到底是將自己的自我歸屬於國家這個集團還是將自我和國家割裂開來。

　　1915 年的 3 月前後，針對國內主張對日宣戰的民眾運動的發展傾向，郭

〔註12〕《櫻花書簡》，第 57 頁。

沫若事實上是持有不同見解的。首先，他認為「日本亦未必遽有戰意。彼近日，借交換駐屯兵為名，海軍陸軍多發向我國者，想亦不過出於恫喝手段已也」。而且「鬼國近日政爭甚烈，內顧多所掣肘」，「設使我國萬一而出於戰也，亦未必便不能制勝」（《櫻花書簡》，第 57 頁）。郭沫若在家書中明確地表示：「現在國家弱到如此地步，生為男子，何能使不學無術，吾一籌以報國也」。

我們從這些信件中至少可以看出二點，一是郭沫若對日本過於藐視以至於對時局的認識膚淺；二是在去留問題上選擇非常慎重。不過，郭沫若當時也預感到了時局將會急遽惡化。他在另一封家書中表示，萬一兩國開戰，「個人身事，所不敢問矣」（《櫻花書簡》，第 57 頁）。這種思想準備，在兩個月以後中日關係更加惡化之後遂變成了現實。

1915 年中日兩國近代史上發生的一切事實都證明郭沫若當時認識上的幼稚。他絕沒有預料到本國政府竟會置民意而不顧而接受日本的無理要求。5 月 7 日，日本發出最後通牒，強迫中國政府在二十四小時以內答應簽署《對華二十一條》。因此，本來就緊張的中日關係轉瞬間進入戰爭一觸即發的狀態。在日中國留學生以示抗議的歸國於 5 月 7 日達到最高峰。一高特設預科第三部的官費留學生郭沫若，就是這一天集體歸國的大批留日學生中的一個。

「交涉險惡，不久便歸，際此機局，自當敬慎，請毋馳念」。我們可以從這幾句寫在家書中的話語中窺測出郭沫若臨離開日本之前的冷靜。

5 月 7 日，郭沫若和在日本同居一處的吳鹿蘋、葉季孚一起回到上海。這是郭沫若到日本後的第一次回國。他在《創造十年》裡敘述了此事的經緯，但隻字未提回國的動機。當時寫下的一首七律大致可以表述他當時的心情。

> 哀的美頓書已西，衝冠有怒與天齊。
>
> 問誰牧馬侵長塞，我欲屠蛟上大堤。
>
> 此日九天成醉夢，當頭一棒破癡迷。
>
> 男兒投筆尋嘗事，歸作沙場一片泥。
>
> ——初出《創造十年》

吳鹿蘋回憶當時的情況時透露：「日本提出侵略中國的二十一條，遭到全國的反對，郭老、葉季孚（浙江人）和我三個人商量，國家成這個樣子，還有什麼臉讀書啊！決定犧牲一切回國去，我們把鍋、碗都賣完了」〔註 13〕。

〔註 13〕《櫻花書簡》，第 64 頁。

如果把這首表達誓與入侵者決戰沙場、死而無憾的中華男兒氣概的律詩和當時一同回國的前輩吳鹿蘋的證詞聯繫在一起思考，我們至少可以得出這樣一種結論。即郭沫若等官費留學生 5 月 7 日的集體歸國並不是爲了請願等等的暫時性回國。在他們看來，中日兩國不久便會開戰，繼續留學已經不太現實。特別是臨行前退掉住房、賣光鍋碗等舉動無疑是他們中止留學、毅然奔赴戰場殺敵而絕無半點留連之意的有力佐證。應該說這才是他們當時回國的眞正動機。

然而，郭沫若等 5 月 9 日回國抵達上海時，袁世凱政府已經向日本表示妥協並接受了二十一條。兩國之間雖然沒有訴諸武力，但民國政府卻付出了喪失主權的巨大代價。郭沫若等留學生在始料未及的事態突變面前無可適從。結果在上海的旅館裏待了 3 天，於 5 月 11 日與其它留學生一起重返日本（1915.5.X 日家書）。前面的七律中「此日九天成醉夢，當頭一棒破癡迷」表現的正是民國政府違背民意的賣國行徑給予愛國留學生們精神上的打擊。

通過對事件發生前後的個人信函的考察，我們可以認識到另一個與《創造十年》中作者所描繪的自我形象並不十分相同的郭沫若。對留學生郭沫若來說，雖然愛國是本分，但決不可以忽視在實際生活中遇到個人和國家利益相衝突時身爲政府官員的長兄郭開文對他施加的影響。這種面臨個人與集團的矛盾衝突造成的認識上的搖擺和情緒上的不定如實地反映在當時的書簡之中。下面本文將郭沫若家書中的一部分言論列出，以證明 24 歲的留學生郭沫若在政治見解上的動搖和不成熟。

「再此次交涉之得和平解決，國家之損失實屬不少，然處此均勢破裂之際，復無強力足供護衛，至是數百年積弱之弊有致。近日過激派，竟欲歸罪政府，思圖破壞，殊屬失當」〔註14〕。

「往者，中日交涉吃緊時，男曾返上海一次，以當時岌岌有開戰之勢故也。在滬少留三日，復轉東，計往返須費十日，孟浪之失，深自怨艾。大哥亦有斥責……」（1915.6.1 日家書）。

「前次歸滬之失，正如弟書所云，不能看破情，徒人云亦云也，悔愧千萬！……總之，此後兄雖狂妄，敢再不自愼謐」（1915.7.5 日致胞弟信）。

由於回國前租的住房已經退掉，郭沫若返回東京後的頭一個月暫時寄宿在一高附近的本鄉區追分町三十一番地的富喜館裏。生活用品必須重新添

〔註14〕《櫻花書簡》，第 65 頁。

置，於是他又向父母要回了先前餘下的 400 元大洋。一高特設預科的畢業考
試一天天逼近，他一回到東京馬上就全力投入到應考準備之中。一高特設預
科是專門爲中國留學生設立的，必修課程修完以後考試及格者按綜合成績名
次將被指派升入日本當時的名門高中──以數字命名的 8 所高等學校。綜合
考分第一名分往一高，第二名二高，第八名八高，第九名又分往一高，第十
名往二高，如此往下循環。郭沫若第一和第二學期成績名次都排在第五位，
預科畢業考試前他預測自己有可能被指派到五、六、七高三所學校中的一所
（1915.5.X 日家書）。6 月 14 日至 21 日，一高預科畢業考試實施。考試結果
於 6 月 29 日公佈。郭沫若成績名列第三，但不知何故，他被指派升入第六高
等學校〔註 15〕。應考準備期間，他曾一度搬遷，有一段時間住在本鄉區菊阪
町九四中華學舍部。

　　據《一高六十年史》記載，該年的 7 月 1 日，一高特設預科「修改了過
去的規定，從本年度開始對支那留學生中本校特設預科課程修完者頒發修了
證書」。以下是根據一高頒發的「支那留學生中預科畢業生修了證書」複製的
證書圖案。加上一高公章和校長私章，應該和當年頒發給畢業生郭沫若的畢
業證書圖案一模一樣。

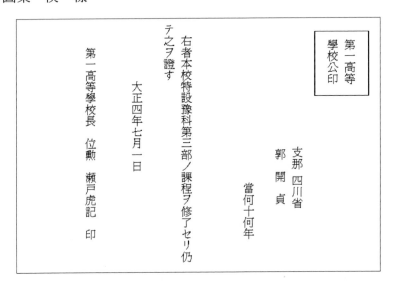

第二章 有關郭沫若與日本岡山第六高等學校的詳細考察

敘說　關於郭沫若第一次抵達岡山日期的質疑

　　天津人民出版社 1992 年 10 月出版、龔繼民、方念仁共編《郭沫若年譜》（上）第 44 頁中「1915 年 9 月 7 日」項裡作如下記載：

> 致父母親信，稟告已與同學從東京到達岡山。

　　此外，有關岡山時期郭沫若的留學活動考察的，岡山大學研究生院名和悅子論文《郭沫若在岡山》〔註1〕中亦作「1915 年（大正 4 年）9 月。郭沫若從第一高等學校特設預科第三部畢業後，被分配到第六高等學校第三部（六高校舍參見前圖 2）。他乘了整整一天的火車，冒著灼人的殘暑來到岡山」。

　　無論是國內學者編的《郭沫若年譜》，還是日本學者撰寫的論文，都把郭沫若首次到達岡山的日期斷定為 1915 年 9 月。其依據無疑是郭沫若本人 1915 年 9 月 7 日致父母書信文中「男已於本月同湖南李君來此，車行一日，覺無甚苦」的自述。此家書收入《櫻花書簡》，查閱十分方便。本文後落款處的「九月七日」也罷，按日本習慣寫在信封背後的寄信人地址「岡山市國富二九四、平廬」也罷，字跡也不難辨認。然而，我認為僅以此家書內容為依據並不足以斷言郭沫若從東京一高特設預科畢業後，離開東京抵達岡山的日期是在 9月。筆者之所以提出這樣的質疑，是因為掌握了以下根據。

─────────────

〔註1〕 名和悅子：〈郭沫若在岡山〉，《中國研究月報》1995 年 8 月號刊載。

第一、同年 6 月 25 日和 7 月 1 日執筆的另兩封家書中，皆提及在領取一高預科畢業證書之後將「去鄉下旅行」一事。

第二、7 月 20 日執筆的家書信封背後雖寫有「東京本鄉區菊阪町九四中華學舍郭寄」的字樣，但信封上的郵戳卻是「岡山、4、7、20」。次日 7 月 21日致胞弟郭翊昌書簡的情況亦與此類似。即信寫於東京，但投寄於岡山（郵戳字樣爲「岡山、4、7、21」）。岡山的郵戳理所當然意味著信由岡山寄出。寄信人除了郭沫若本人以外，請人代寄的可能性不大。

筆者認爲，郭沫若在拿到東京一高預科畢業證書以後，完全由可能隨身帶著兩封在東京寫好的家書外出旅行。旅行來到岡山時，補寫上日期後就地投寄出去。換言之，1915 年 7 月 20 日當天，郭沫若本人理應在岡山。如果岡山是他旅行途中的一站，那麼更好解釋。即 7 月下旬一度駐足岡山，隨後繼續旅行。到了 9 月初六高臨開學前結束旅行，並同「湖南李君」一起乘火車返回岡山。

關於郭沫若留學六高時期的生活和留學活動，在本書執筆之前僅有岡山大學日本學者名和悅子做過較爲詳盡的考察。其論文見日本中國研究所 1995年 8 月發行的《中國研究月報》。除此以外，迄今尚未見有同一課題的新研究成果發表。本書所依據的日本大正年間出版發行的岡山本地報刊新聞史料雖然主要直接來自於岡山縣立圖書館所藏微縮膠捲等，但由於未能直接掌握反映郭沫若留學六高時期情況的郭沫若留學六高時期的學籍簿，故（1）六高在校期間成績表；（2）六高第三部畢業照片（參見前圖 3、4）；（3）六高中國留學生畢業者名單三項資料只能轉引名和悅子根據此編成並公開發表的第二手資料。爲了避免在同一問題上作重複研究，本書將從以下幾個與名和論文不同的視角對岡山時期的郭沫若進行考察和把握。

第一節　關於郭沫若在岡山的住居

關於郭沫若留學岡山六高時期的住所，由於郭沫若本人在當時致樂山父母的家書中（包括信封）中爲我們的考察留下了翔實可據的線索，故使得幾處住址得來全不費工夫。加之其住址的驗證查核工作已由名和悅子完成，故本文在此僅對其考察結果持不同見解的地方展開論述。判斷一致之處將引用先行論文中的實地調查結果，不贅述。

（一）抵達岡山之後最初的住所

岡山市國富二九四　平廬

（根據：1915.9.7 日致父母家書信封背面所書寄信人住址）

據名和氏論文考察，從此住所到六高校園僅有步行 5 分鐘的距離。若按現在的岡山市地圖所示，它位於國富二丁目四番地和五番地附近。郭沫若在此住了約一個月，直到找到了兼管做飯洗衣的房東之後才搬走。

（二）在岡山的第二個住所

岡山市國富一〇六　小川春（轉）

（根據：1915.10.21 日致父母家書信封背面所書寄信人住址）

據該家書描述，房東小川春是一位 60 來歲的老太太，經常替郭沫若縫縫補補，還不時在郭沫若屋子裏插點兒鮮花什麼的，待郭沫若不錯。房租每月僅收一塊五日元，伙食是另請人包送，每月八塊五日元，比在東京時的費用便宜得多。

（三）在岡山地第三個住所

岡山市內內山外九三　適廬

（根據：1916.4.30 日致父母家書信尾言及）

根據日本大正 7 年的岡山市地圖觀測，內山外九三位於六高校園正西、地處相生橋對岸。北邊是岡山中學，南邊是立舞商業學校。東面可遙望操山，眼前美麗的旭川靜靜流淌而過。

（四）在岡山的第四個住所

岡山市弓之町八一番地　柘植（轉）

（根據：1917.6.12 日致父母明信片及同月 23 日家書信信封背面所書寄信人地址）

資料原本爲毛筆縱書，收入《櫻花書簡》時被編者判讀爲「虧少町」。經實地調查，方得知此乃岡山市「弓之町」之誤。

關於此處住所，筆者對名和悅子論文中「岡山五處住所」之說持不同見解。名和氏把「郭沫若和佐藤富子乍到岡山同居的住址（1916 年底至翌年 6 月止）」設定爲郭沫若在岡山的第四個住所，並以「僅存信件，信封下落不明」的理由作出此處住址「不詳」的結論。除此之外，名和氏還將「岡山市弓之町八一番地　柘植（轉）」這一住址判定爲郭沫若自 1917 年 6 月至翌年夏天

六高畢業期間居住過的第五處住所。筆者認為，第四，第五處住所的設定本身首先因為欠缺足以證明其遷居的事實根據而難以站得住腳。筆者仔細核查過該論文使用過的原始資料，力圖發現當年郭沫若和佐藤富子同居後曾經遷居過的線索，結果未能如願。然而在另一篇名和氏論文並未涉及到的，郭沫若於 1923 年 8 月寫成的自傳體短篇小說《月蝕》〔註2〕中，發現了以下涉及到該住居的隻言片語的文字記載。

民國六年的時候，我們同住在日本岡山市內一個偏僻的小巷裏

（底線筆者）。巷底有一家姓二木的鄰居，是一位在中學校教漢文的先生。

陶晶孫雖然在臨終絕筆《漢文先生的風格》〔註3〕之中也提到了同一人物，但小說材料主要來自 1922 年與郭沫若一家同居於福岡箱崎海岸抱洋閣時從佐藤富子口中聽來的故事，何況小說中也未言及當時的具體住址。儘管兩篇小說裡都難免有虛構的成分而不足以作為證實某一事件或日期的事實根據，但我們還是可以依據這些有限的資料勾畫出當時情況的大致輪廓。

1916 年 12 月 23 日，郭沫若在期末考試結束後赴東京將佐藤富子接回岡山，在「岡山市內一個偏僻的小巷裏」事先租下的房子里居住了下來。最初郭沫若對左右近鄰說佐藤是自己的妹妹。附近有一個姓二木的，年紀 60 歲上下的漢文教師和他的家人尤其對郭沫若和佐藤富子親近。不料同居不到半年，佐藤因懷孕肚子突出而引起了二木一家態度的驟變。在此期間，郭沫若和佐藤富子的長子郭和夫於 1917 年 12 月出生。近鄰二木先生一家後來對郭投以白眼，只有 16 歲的次女對郭沫若抱有好感，一直到翌年夏天郭沫若從六高畢業離開岡山不曾有變。郭沫若在自傳體小說《月蝕》中自敘道：「我們和她們總共只相處了一年半的光景，到明年 6 月我便由高等學校畢業了。畢業後暑期中我們打算在日本東北海岸上去洗澡，在一月之前，我的女人帶著我們的大兒先去了。」

筆者認為，以上引用的作者自敘完全可以作為證明郭沫若與佐藤富子在岡山同居後直到離開六高並未改變住址的重要依據。郭沫若所說的與二木家交往的「一年半」恰好是郭沫若和佐藤富子開始同居（1916 年 12 月）至舉家

〔註2〕郭沫若短篇自敘小說《月蝕》，《山中雜記》，1931 年初版單行本，第 115 頁。

〔註3〕陶晶孫短篇小說〈漢文先生的風格〉，收入日文單行本《寫給日本的遺書》，創元社 1952 年 10 月 15 日初版。

離開岡山（1918 年 6 月）期間的一年半。郭沫若因謊言開罪於「漢文先生」一家，並導致了兩家關係的急劇惡化。但如果說在這期間搬了家而不再和二木家保持鄰居關係的話，那麼郭沫若和佐藤富子就完全沒有必要和過去是近鄰而現在仇視自己的人繼續保持交往。假設事實果真如此，那麼郭沫若所說兩家相處的「一年半」的時間就無法成立。所以筆者認爲，郭沫若在岡山的住所只有四處，而不應該是五處。而且，郭沫若與佐藤富子在岡山同居的住址即「岡山市弓之町八一番地　柘植」。「柘植」無疑是當年把房子出租給六高學生郭沫若的房東的姓。

第二節　關於郭沫若在六高的留學活動

　　郭沫若在自傳《我的學生時代》（1942）中就自己在六高留學期間的學習情況作過如下自述。

> 　　考入高等之後，有一年的預科是和中國學生同受補習的。預科修滿之後再入正科，便和日本學生受同等教育。三部的課程以德文的時間最多，因爲日本醫學是以德國爲祖，一個禮拜有十幾、二十個鐘頭的德文。此外拉丁文、英文也須得學習。科學方面是高等數學，如解析幾何、高等代數、微分、積分，以及物理、化學、動植物學得講習和實驗，都須得在三年之內把它學完。功課相當繁重。日本人的教育不重啓發而重灌注，又加以我們是外國人，要學兩種語言，去接受西方的學問，實在是一件苦事。〔註4〕

　　關於郭沫若留學日本岡山六高期間的學習成績，上述名和氏論文中已有發表，本文在此僅作爲資料引用。

郭沫若留學六高期間的學習成績表

第一年級	成　績	第二年級	成　績	第三年級	成　績
修身		修身		修身	66
國語解釋	69	德語（一）	72	德語（一）	68
國語語法作文	67	德語（二）	87	德語（二）	75
德語（一）	85	德語（三）	82	德語（三）	82

〔註 4〕郭沫若：〈我的學生時代〉，《郭沫若全集》文學編第 12 卷，第 15 頁。

德語（二）	71	英語	74	英語	93
德語（三）	84	數學	62	拉丁語	77
英語	70	物理	70	物理	62
數學	50	化學	70	物理實驗	76
動物植物	76	動植物實驗	80	化學	58
體操	78	體操	79	化學實驗	76
				體操	73
總分	650	總分	676	總分	806
平均分	72.7	平均分	75.1	平均分	73.3
及格判定	及格	及格判定	及格	及格判定	及格
應考人數	40	應考人數	39		
成績排名	25	成績排名	21	成績排名	

備考：1.本表格由筆者根據《第六高等學校學籍簿》製作。
　　　2.畢業名次按三年平均總分數高低決定。郭沫若在校三年平均總分73.5，在該年度同期畢業總人數34名中名列第22位。

　　關於六高在校期間所修的課程，郭沫若本人在自傳中只提到外語課程最多這一情況。當時郭沫若就讀的是第三部，也就是醫科。醫科學生第一外語是德語，第二外語是英語。除此之外，還必須修拉丁語作為第三外語。當時在郭沫若看來，「日本人教外國語的方法很特別，他們是特別注重讀。教外國語的先生大概都是帝大出身的文學士，本來並不是語學專家，又於學生們所志願的學科沒有涉歷，他們總愛選一些文學上的名著來做課本」。「例如我們在高等學校第三年級上所讀的德文便是歌德的自敘傳《創作與真實》（《Dichtung und Wahrheit》），梅里克（Morike）的小說《向拉格旅行途上的穆查特》（《Mozart auf Reisenach Prague》）」。「上課時的情形也不同，不是先生講書，是學生講書……因此學生的自修時間差不多就是翻字典。日本人還好，他們是用本國話來譯外國文，又加以朋友多可以並夥，可以省些力氣。中國學生便是用外國話來翻譯另一種外國文了，一班之中大抵只有一個中國人，或者至多有兩個人光景，因此是吃力到萬分。」〔註5〕

　　也許是由於六高時代學習上的艱苦刻骨銘心的緣故，高中時代的情景直

〔註5〕《創造十年》第2章。

至郭沫若寫作《創造十年》的 1932 年仍然記憶猶新。我們通過上面的成績表，完全可以感受到郭沫若留學岡山六高時期學習上的艱苦和一個中國留學生取得那樣的成績所必須付出的代價。

郭沫若可以說從下決心學醫救國而選擇第三部的那一天起就意識到了德語、英語和拉丁語的重要性。因爲他知道掌握外語是在日本學醫的先決條件。我們完全不難想像滿口四川樂山地區方言口音的郭沫若在學習日語、德語、英語和拉丁語上需要付出多麼大的代價。以上成績表顯示，郭沫若六高在校三年，第一外語德語的平均總得分爲 78.4 分；第二外語英語的平均總得分爲 79 分；三年級開設的拉丁語得分 77 分。郭沫若曾在《創造十年》中稱讚好友成仿吾爲翻譯無需字典的語學天才，然而從留學六高期間的外語考試成績來看，比起成仿吾來，郭沫若的外語能力可以說有過之而無不及（成仿吾於六高留學期間的外語平均總得分爲德語 74.4；英語 74.8；拉丁語無成績）。另外，我們還可以通過郭沫若的成績表，獲知他當時學的比較吃力的是國語解釋、國語、文法、化學、物理和數學這幾科，其中，成績最差的是數學。

第三節　與王陽明的邂逅及其對其思想的受容

六高時期郭沫若與王陽明的邂逅實際上和他在六高的留學活動緊密相關。而且，高中時代所接觸的王陽明不但直接較大地影響了當時的郭沫若，而且這種影響一直延伸到他的大學時代甚至更以後。郭沫若與王陽明的接觸發生在從東京一高特設預科畢業來到岡山六高以後。由於名和氏論文沒有論及這一問題，故本文更有必要在此究明其事實眞相。

郭沫若在 1915 年 10 月 21 日致父母的家書中稟報自己到岡山後一個月來的生活時，詳細描述了當時的起居作息時間安排〔註6〕。現因論述需要特引用如下。

> 五時半起床
> 五時半至六時半盥漱並行冷水浴一次
> 六時半至七時　靜坐
> 七時　早餐
> 八時至午後二時，登校　星期一則至午後三時星期六則至十二

〔註6〕《櫻花書簡》，第 84 頁。

時便無課

十二時　午餐

午後課畢後　溫習時間　此時間每日復行溫浴一次

五時　晚餐

至餐後七時散步此間有操山者山形頗似峨眉山麓，均稻田散策田間，四顧皆山焉。恍若如歸故鄉然者。

七時至十時　溫習準備時間

十時十五分　靜坐入寢

從以上作息時間安排來看，當時郭沫若每天分早晚要靜坐兩次。他為何要如此把靜坐當作日課呢？原來這與郭沫若畢業於東京一高特設預科前後過度用功造成的精神狀態極度紊亂有著直接的關係。也許是為了不讓父母擔心的緣故吧，郭沫若對此在家書中閉口不提。此事直至 1923 年（日本大正 12 年）的 10 月才由他本人第一次提起。

民國五六年的時候正是我最彷徨不定而且最危險的時候。有時候想去自殺，有時候又想去當和尚。每天只把莊子和王陽明和《新舊約全書》當做日課誦讀，清早和晚上又要靜坐。我時常問我自己：還是肯定我一切的本能來執著這個世界呢？還是否定我一切的本能去追求那個世界？〔註7〕

至於當時為什麼忽而想自殺忽而想出家為僧？而且自殺和削髮為僧的願望與王陽明又有什麼關係？郭沫若直至 1924 年 6 月在福岡創作《王陽明禮贊》時才親自揭開這個謎。

郭沫若這樣寫道：

我真正和王陽明接觸是八年前的事情了。民國三年正月我初到日本，六月便考上了東京第一高等學校，因為過於躐等躁進的緣故，在一高預科一年畢業之後，我竟得了劇度的神經衰弱症。心悸亢進，緩步徐行時，胸部也震蕩作痛，幾乎不能容忍。睡眠不安，一夜只能睡三四小時，睡中猶始終為惡夢所苦。記憶幾乎全盤消失了。讀書時讀到第二頁已忘卻了前頁，甚至讀到第二行已忘卻了前行……·我因此悲觀到了盡頭，屢屢想自殺。〔註8〕

〔註7〕郭沫若《太戈兒來華的我見》，1923 年 10 月 14 日《創造週報》第 23 號。

〔註8〕郭沫若《王陽明禮贊》、《郭沫若全集》歷史編第 3 卷，第 289 頁。

　　我們還從郭沫若的《王陽明禮贊》這篇文章中知道，身患極度神經衰弱症的郭沫若在離開東京前偶而在一家舊書店裡買了一部《王文成公全集》後萌發起靜坐的念頭。隨後他又買了一本《岡田式靜坐法》並正式開始靜坐。每次靜坐 30 分鐘，早晚各一次，每日讀《王文成公全書》第 10 頁。如此堅持了不到兩個星期就開始顯示出靜坐的療效。不但睡眠時間日益增長，做夢次數驟減，而且心悸也逐漸恢復了正常。

　　王陽明是我國明代最著名的儒學家。他第一個提倡致知學，後以倡導知行合一、知行並進而主宰與傳統派（主要指程頤、朱熹等）對抗的哲學新派。他對陸九淵「宇宙即吾心，吾心即宇宙」的思想加以發展，提出「夫萬物之理不外於吾心」、「心明便是天理」的思想，提倡以人的「良知」來「去人欲、存天理」，靠提高人的修養以到達「萬物一體」的精神境界。靜坐只不過是一種使人聚精會神達到心無雜念的手段。但它同時又是一單一扇通向無欲無念之冥想的門扉。據說人通過冥想不但可以任自己在外部宇宙和人的內部宇宙的空間自由任意馳騁翱翔，而且同時還可以將運行與人體血液大循環及經絡網的「氣」的微循環調整到最佳狀態。就郭沫若來說，與其說王陽明的靜坐修養法吸引了他，毋寧說是他對王陽明「去人欲、存天理」哲學思想的傾倒膜拜。王陽明的心學對六高時期的郭沫若的影響和滲透，使得他的自我拯救得以實現。而這種自我拯救又是以吸收王陽明哲學思想而形成的新的思惟邏輯和新的價值觀來觀照他自己蹉跌的人生來實現的。當時的郭沫若正處在思想的成長期。乍到日本留學時，他從國內帶來的一大堆煩惱並沒有得到解決。這裏面既有現代人覺醒了的強烈自我意識和當時非常流行的「我即國家」觀念為代表的國家主義意識之間的衝突，又有追求自由、提倡人的尊嚴的現代人性與在以忠孝思想為代表的傳統道德倫理的重壓之下對現實表示妥協的虛偽懦弱的人性的對立。這些國家的憂患和個人的苦悶每時每刻都無不在刺激啃噬著郭沫若年輕脆弱的神經。在他個人的煩惱苦悶之中，並非出於本意的婚姻可以說是他屈服於代表封建家長制最高權威的父母之命而感受到的「現代自我」的最大挫折。為此他追悔莫及並不斷地自責。他甚至因為不能接觸這些思想上的煩惱和苦悶又加上身患嚴重地神經衰弱健忘症而幾度自殺未遂。剛到岡山時處於「To be or not to be」的精神狀態之中的郭沫若在讀到王陽明「無善無惡是心之體，有善有惡是心之動，知善知惡是良知，為善去惡是格物。」以及「良知之在人心，無間於聖愚，天下古今之所

同也（王陽明《傳習錄》）」的教誨時無疑感受到了某種頓悟。在這之前，他一直在為究竟是肯定自己「一切的本能來執著這個世界」，還是否定自己「一切的本能去追求那個世界」（郭沫若「太戈兒來華的我見」）這一靈魂的劇烈衝撞而不知何去何從，甚至幾乎導致自己精神和肉體兩方面的崩潰。然而，當他接觸到王陽明之後，他開始相信良知可以使使自己的身心得到拯救。精神上處於崩潰邊緣的郭沫若沒有放過王陽明向他投射過來的一線希望之光，他在頓悟之後選擇的是一條勇敢正視現實中自我的、「自我肯定」的生活道路。

六高留學時期的郭沫若借助日本的《岡田式靜坐法》進入了王陽明哲學的世界。他不僅早晚堅持靜坐，每日還咀嚼吟讀十頁《王文成公全書》。靜坐和冥想終於使郭沫若走出了漫長的精神低落的隧道。他彷彿獲得了新生。對他來說，從前「眼前的世界只是死的平面畫，到這時候才活了起來，才成了立體」。他這樣說道「我素來喜歡讀《莊子》，但我只是玩賞他的文辭，我閱卻了他的意義，我也不能瞭解他的意義。到這時候我看透他了。我知道『道』是甚麼，『化』是甚麼了。我從此更被導引到老子，導引到孔門哲學，導引到印度哲學，導引到近世初期歐洲大陸唯心派諸哲學家，尤其是斯皮諾若（Spinoza）。我就這樣發現了一個八面玲瓏的形而上的莊嚴世界」。〔註9〕

在 1924 年 6 月寫成的《偉大的精神生活者王陽明》之中，郭沫若嘗試了用最簡潔的文字總結去歸納王陽明哲學思想。

　　一、萬物一體的宇宙觀：公式——「心即理」。
　　二、知行合一的倫理論：公式——「去人欲存天理」；
　　　　工夫（1）「靜坐」，（2）「事上磨煉」。

可以說這兩點即是郭沫若所總結的陽明思想的真髓。雖然郭沫若在上述文章裡明確指出這兩點「不但是陽明思想的全部，而且也是儒家精神的全部」，但筆者以為相比之下，更值得注目的是到達上述境界的過程和手段。作為手段，郭沫若在文中列舉了兩項。一項是靜坐，另一項是「事上磨煉」。所謂「事上磨煉」，即在坎坷跌宕的人生以及現實的苦難之中去不斷地磨練自己。只有靠這種磨練，人才能夠到達「心即理」以及「去人欲存天理」的精神境界。這種思想如此從六高時期開始對郭沫若施加影響。當他升入九州帝國大學以後，儘管他和他的一家在十幾年漫長的日月裡深陷貧困的泥潭而受

────────────

〔註9〕郭沫若：《文藝論集・偉大的精神生活者王陽明》。

盡了生活的折磨，但他幾乎自始至終以樂觀主義者的姿態面對生活，並把逆境中的磨練當做充實自己的手段。郭沫若大學時代所保持的這種樂觀主義的人生觀，我們可以從《創造十年》以及佐藤富子 30 年代的回憶錄等史料中都能夠找到翔實可靠的事實依據。如果我們對他這種人生觀進行追根溯源，以上對六高時期郭沫若和王陽明的接觸這一課題研究的結果就會告訴我們，郭沫若的這種思想根源來自於他對陽明哲學的感悟和理解。從中我們可以看出王陽明對青年時期的郭沫若產生的深刻影響。

必須指出，六高畢業以後、特別是大學時代持這種樂觀主義的人生觀的郭沫若所認識的文學藝術觀念，理所當然地和創造社主要同人之一郁達夫的那種反映甘願在生活的泥潭中沉淪的消極人生觀的文藝觀不可同日而語。關於這一點，筆者已在另一篇論文《郭沫若的早期小說論考》中展開論述，在此不贅述。

論及郭沫若與王陽明的關係，還有一點必須指明的是，郭沫若於六高時期接近王陽明，完全是出於他自己身心兩方面自我救贖的需要。這一點正如他所說的一樣，他「對王陽明的探討與哲學史家的狀態不同」，「普通的哲學史家是以客觀的分析去求智欲的滿足的」，而他卻是「以徹底的同情去求身心的受用」，故「對於王陽明的生涯和學問」，「沒有甚麼有系統的智識」（郭沫若《文藝論集・偉大的精神生活者王陽明》）。郭沫若真正開始研讀王陽明哲學並深受其影響，應該是在九州帝國大學留學期間下決心轉向文學道路以後。

第四節　留日中國學生的第二次集體歸國學潮

1915 年 5 月 7 日，由於日本政府以高壓方式強迫中國政府答應接受其強加的《對華二十一條》，在日中國留學生發動了民國以來首次大規模集體歸國請願抗議的運動。置身日本的郭沫若在面臨個人與國家二者選擇其一之際，毅然決定放棄留學而歸國參加請願。然而，回國後當他發現由於腐敗政府的賣國，自己空懷一腔愛國熱情而報國無門時，他開始覺得自己「孟浪之失，深自怨艾（1915.6.1 日家書）」〔註10〕。那麼，三年後第二次在日中國留學生集體歸國風潮爆發之際，身在岡山的郭沫若作出的又是一種怎樣的反應呢？

〔註10〕〈1915 年 6 月 1 日郭沫若致父母家書〉，《櫻花書簡》，第 68 頁。

關於 1918 年 5 月發生的在日中國留學生集體歸國事件，郭沫若在《創造十年》中這樣寫道：

> 一九一八年的五月，日本留學界爲反對本國政府與日本簽署《中日軍事協約》（即《中日陸軍共同禦敵協約》和《中日海軍共同禦敵協約》），曾經鬧過一次很劇烈的全體罷課風潮。在那次風潮中還有一個副產物，便是有日本老婆的人都被認爲漢奸，先給他們一個警告，叫他們立地離婚，不然便要用武力對待。這個運動在當時異常猛烈，住在東京的有日本老婆的人因而離了婚的很不少。

當時的中國，正處於南北對立，北方的北京政府處於國務總理段祺瑞的統治之下，政治勢力也因對南部問題而分爲主戰派和主和派。就西伯利亞出兵問題，中日兩國政府於該年 3 月 25 日交換了與軍事協定有關的秘密公文。段祺瑞政府的目的在於想從日本得到涉及銀行、鐵路等 8 個項目共一億四千五百萬日圓的鉅額「西原貸款」，而當時的寺內正毅內閣之所以不顧日本國內的反對而通過西原龜三對中國的段祺瑞政府進行經濟援助，其目的在於趁第一次世界大戰期間歐美列強在華的勢力一時減弱而強化日本在華的優越地位，並且將段祺瑞政權變爲日本政府實際上的傀儡政權。然而，中日雙方在交換了秘密公文以後，中國政府並沒有進一步和日本政府進行具體的、實質性的交涉。中國國內的主和派把這一機密透露給了《北京天津時報》等新聞媒介，力圖通過傳媒把捂著的蓋子揭開，並利用輿論來鉗制主戰派〔註 11〕。同年 4 月 23 日，創刊第二天的《上海官報》登載了題爲《日支密約二十條》的醒目文章。這兩次顯然是有計劃的重要機密的泄漏頃刻間使得段祺瑞政府的賣國行徑暴露於光天化日之下。此事件傳到在日中國留學生的耳朵裏，那時在該年 4 月底他們聽了訪日新聞記者團的講演以後。消息即刻不脛而走，在日本各地留學的中國學生中間傳開來並直接成爲導火線，誘發了第二次留日中國學生大規模集體歸國事件。留學生們即刻掀起了抗議學潮。在聯絡各地同學和動員的過程中，他們儘管遭受到日本警方的鎮壓，但還是組織了大批的同學回國參加各地的請願抗議活動，並聯合國內民族資產階級的力量掀起了聲勢浩大的排斥日貨運動〔註12〕只要細查一下 1918 年（日本大正 7 年）

〔註11〕原暉之：《西伯利亞出兵———革命與干涉 1917～1922》，日本築摩書房，1989年 6 月 30 日初版，第 285～287 頁。
〔註12〕同 11，第 286 頁。

5月初日本國內報刊，即可知郭沫若所言東京方面中國留學生的排日反日活動的確屬實。

　　5月7日的《朝日新聞》（東京版）的登載了以「審問支那留學生、西神田警察署傳訊四十名」為醒目標題的文章，報導了警方於事件發生前一天從被視為中國留學生反日活動據點之一的神田維新亭中國榮館強行帶走了在此參加反日集會的中國留學生中的四十名並於西神田警察署進行審問的突發事件。另外，5月8日的《福岡日日新聞》和岡山的《山陽新報》登載了與前日《每日新聞》（大阪版）所載報導標題相同的、題為《支那留學生的不穩定》的文章。據《福岡日日新聞》報導，「來自東京帝大、商工、早稻田、明治大學等學校的留學生 700 人聚集於神田北神保町民國中央青年會館」，「警官數十名趕到現場，抓走了留學生幹部 40 餘人」。岡山的《山陽新報》卻發表評論，認為「導致留學生紛紛準備歸國而突然騷動的原因是某支那團體中的某某人物對日本對華外交的誹謗性煽動。」

　　中國留學生在東京的排日活動以報刊為媒介迅速在日本各地的中國留學生中間傳開來。下面，讓我們來看郭沫若等六高在校的中國留學生獲知該事件真相之後所作出的反應。

　　雖然幾乎迄今尚未發現郭沫若本人對此有過什麼言論，但當時日本岡山當地的主要報紙《山陽新報》對六高和岡山醫專這兩所學校的中國留學生的行動進行了追蹤報導。如今通過翻拍成縮印膠片的 1918 年 5 月的第一手原始資料《山陽新報》，筆者有幸發現了一些與此有關的重要線索。此外，筆者還通過日本學者中島翠氏公開發表的《夏社資料》〔註 13〕提供的線索，在日本外務省外交資料館所藏《在本邦清國留學生關係雜纂》中瞭解到了以下事實。

　　第一，當時岡山的中國留學生們的一切活動事實上都在當地政府有關部門的監視之中。

　　第二，留學生們但是為了掌握整個在日留學生運動的進展情況曾往東京方面專門派遣過兩名人員（六高學生李希賢和徐鴻漸）負責聯絡。

　　第三，當時在六高留學的 17 名中國留學生中，有 7 名正式向校方提交了上課缺席申請並參加了全日本中國留學生聯盟的罷課學潮〔註 14〕。

〔註13〕中島翠：〈夏社資料〉，1985 年 2 月《飆風》18 號刊載。
〔註14〕日本外務省外交資料館所藏《在本邦清國留學生關係雜纂》，收《機第 1556

第四，六高醫專兩校留學生通過《山陽新報》獲悉「日支軍事協定將於一周內簽訂」的消息後，遂於 5 月 16 日晨向校方遞交了全體無期缺席申請，並各自開始做歸國的準備〔註15〕。

第五，六高校長金子銓太郎曾將以郭沫若爲首的 8 名中國留學生叫到自己家中，力圖說服他們歸校復課（同資料《雜之部》第二卷《關於支那留學生》報告書。名和氏在其論文中也引用了同一報告書的內容。）

1918 年 5 月 18 日，岡山的《山陽新報》對《日支軍事協定》已於兩天前（16 日）簽訂完畢一事作了報導。郭沫若等中國留學生們似乎已經意識到僅憑他們自己的力量已經不能阻止事態的惡化。到底是答應校方的勸阻和要求，還是堅持罷課歸國，使留學半途而廢呢？郭沫若和其它六高同學一樣面臨著最後的選擇。

「全體罷課支持了有兩個禮拜的光景，所反對的協約並沒有因此而取消，於是乎便又產生了全體回國的決議。這一決議下來，凡是有錢在手的人回了國的也就不少，不幸像我這樣的，漢奸，每月所領的三十二圓的官費是要養三個人口的，平時所過的早就是捉襟見肘的生活，更哪有什麼餘錢來做歸國的路費呢？沒有錢便失掉了『愛國』的資格，『漢奸』的徽號頂在頭上，就好像鐵鑄成的秦檜一樣」（《創造十年》）。

結果正如郭沫若在自傳《創造十年》中所敘述的一樣，他當時由於「有日本人老婆」而涉嫌「漢奸」而沒能和其它留學生一起歸國。面臨從六高畢業的郭沫若，爲了參加畢業畢業前的考試，自 6 月 3 日開始返校復課。以他爲首的 9 名返校復課的六高留學生的名字當時被記錄在 6 月 6 日本岡山縣政務局第一科上呈給外務大臣後藤新平的報告之中。他們的名字是：「郭開貞、屠模、楊子驤、徐世民、張荔、白銘璋、楊子韜、趙心哲、李麗輝」。

號中報告1》1918 年 5 月 14 日。

〔註15〕同前 14，《機第 1556 號中報告 2》1918 年 5 月 16 日。

第三章　郭沫若與日本九州帝國大學

敘　說

郭沫若的自傳《學生時代》和《創造十年》中有如下記載：

「大正 7 年的夏天自第六高等學校第三部畢業以後」，「升入九州帝國大學醫科」，然後「一九二三年三月，在福岡足足住了四年零七個月的我，算把醫科大學弄畢業了」。

郭沫若大學時代的專業是醫學。關於在校期間各門功課的學習情況，迄今爲止唯一的資料只有郭沫若於 1942 年 6 月在桂林的文藝月刊《野草》(4-3)上發表的回憶錄《學生時代》。寫這篇回憶錄時，距大學時代已有近 20 年。儘管如此，他對當時的情況仍然記憶猶新。他在該文中對六高第三部（醫科）和大學醫科的學習作了這樣的敘述：

「三部的課程以德文的時間爲最多，因爲日本醫學是以德國爲祖，一個禮拜有十幾、二十個鐘頭的德文。此外拉丁文、英文也須得學習。科學方面是高等數學，如解析幾何、高等代數、微分、積分，以及物理、化學、動植物學的講習和試驗、都須得在三年之內把它學完」。「當時日本的大學其它各科都是三年畢業，只是醫科是四年半。開始兩年是基礎學問，如解剖學、組織學、生理學、醫化學、病理學、藥物學、細菌學、精神病理學等；後兩年便是臨床學問，即內外兒婦、皮膚花柳、耳鼻咽喉、眼科齒科，乃至衛生學、法醫學」。

　　然而，如果僅僅用這一點資料去把握在九州帝國大學留學了 4 年零 7 個月的郭沫若，那也未免太顯單薄。我們會碰到一連串無法解決的疑問。比如說郭沫若是怎樣進的九州帝國大學？入學時的九州帝大是個什麼樣子？對郭沫若稍微有點熟悉的人都會知道，他在念大學時曾經為了從事文學活動而休學了一段時間。郭沫若本人在《創造十年》裡言及此事說由於這次休學而耽擱了學業，結果比同級生遲一年畢業。那麼 1918 年 9 月升入九州帝大的他為什麼在 1923 年 3 月畢業呢？問題不僅僅止於這些。說我們過去對郭沫若的大學學習情況一無所知，其實一點兒也不算過分。大學在校期間他究竟修了些什麼課程？各必修和選修課的安排又是怎樣？每周上課多少時間？各個學科的各種課程任課教官又是誰？大學 4 年中究竟應該參加哪些考試而實際參加了哪些考試？畢業時的情況又是怎樣等等，迄今為止沒有任何人知道。其實，日本大正年間在九州帝國大學留學的中國學生並非郭沫若一人。對此筆者曾經做過比較慎密的調查。根據筆者手中所掌握的九州帝國大學入學新生名薄的記載，1918 年升入九州帝國大學醫學部的中國留學生除了郭沫若以外還有 4 名。郭沫若在《創造十年》中言及醫學部中國留學生愛國組織「夏社」時提到過幾位同學的姓名。很難設想這批當時與郭沫若學習生活在一起的同胞同學的存在與郭沫若毫無干係。直至今天，就郭沫若研究而言，郭沫若大學時代的師生關係和交友關係仍然是兩個解不開的謎團。如果不掌握九州帝大醫學部當年的教務資料，或者說不掌握幾十年來堆積如山的教務資料中有關留學生郭沫若和與他有關的醫學部教官及同學的個人資料，這些事實可以說永遠無法知曉。據筆者所知，過去也並非沒人對郭沫若留學九州帝國大學的情況進行過調查。九州大學有關部門對此保存有記錄。當然，來福岡考察郭沫若留學情況的主要是來自中國方面的學者。由於多年來整個日本學界對郭沫若研究的認識不足，前來調查的中國學者實際上並未得到日方堪稱盡力的協助。九州大學雖然幾年前在醫學部展覽室陳設了郭沫若的書法作品，但迄今為止醫學部的學生資料和教務資料依然不對外公開。過去或許有人通過不同的渠道發掘到了一些重要資料，但有關郭沫若大學在校期間的個人資料，筆者只見過人民文學出版社 1992 年正式出版《郭沫若全集》（文學編）第 12 卷時公開出來的九州帝國大學醫學部大正十二（1923）年學生畢業照片。此照片的底片現存九州大學大學史料室，使用或加洗複印都必須徵得照片所有者菅一先生的首肯。1989 年 5 月 24 日至 6 月 14 日，中國社會科學院郭沫若著

作編輯委員會及郭沫若研究者代表團一行十四人應日本學術振興會之邀請對東京、京都、岡山及福岡等地進行了訪問〔註1〕。據當時陪同代表團前往九大醫學部考察的日方學者回憶，當時九大校方好像爲來訪者出示了郭沫若的學籍原簿。然而令人感到納罕不已的是，在事隔十年有餘的今天仍然不見該學籍原簿所記載的有關資料的公開發表。在日本，有關學生在校期間個人資料最詳盡的校方記錄非該學生的學籍原簿莫屬。因爲上面記載了該學生自入學至畢業的各科學習成績、住址、家庭成員資料、休學情況記錄、學位以及有無賞罰等等詳情。

爲了調查這項非常重要的原始資料，九州大學研究生院比較社會文化研究科專門成立了以該研究科主任教授合山究、岩佐昌暲兩位日本中國學知名學者爲首的「郭沫若有關資料調查研究小組」，並於1997年4月3日在九州大學管理部門和醫學部的協助下開始了對醫學部所藏大正年代的學生個人資料的發掘調查。筆者作爲該調查小組的主要成員之一參加了調查的整個過程。然而，調查的結果卻不盡人意。儘管最想得到的學籍原簿最終沒能找到，但聊以自慰的是意外地發現了郭沫若和陶晶孫二人親筆填寫的入學自願書各一份和校方批准郭沫若的因病休學申請的公文一份。筆者獲知福岡東區區役所至今保管著大正年代的管轄區內居民戶籍，便前往調查。結果地方政府有關部門的答覆是，除非是被調查者的直系親屬授權調查，對於其它任何涉嫌侵犯個人隱私權的調查請求一律駁回，哪怕是出於純學術研究之目的。

總算幸運的是，筆者在九州大學大學史料室的大力支持和協助下掌握了日本大正年間完整的一套《九州帝國大學一覽》、《九州大學大學史料叢書》四輯以及另外一批對郭沫若研究、特別是傳記研究來說非常重要的第一手資料。本章節以下公開的內容，尤其是具體的統計數字和調查結果表等眾多的原始數據，幾乎都出自這一批原始資料。

第一節　郭沫若進入九州帝國大學醫科大學的始末

郭沫若的《學生時代》和《創造十年》等自傳中很容易見到「九州帝國大學醫科」這樣的表述文字。這種說法迄今爲止可以說招致了許多誤解。還

〔註1〕《郭沫若研究者代表團訪日》，文化藝術出版社，《郭沫若研究》第8號。

有一些地方將郭沫若當年大學留學的地方稱爲「九州帝國大學醫學部」，實際上那也只是將日本從前的帝國大學的稱謂和現在醫學部這種大學系部名稱加以拼湊的結果，而有失於正確。在此雖然不必將九州大學自明治44年以來的發展史按年代順序從頭至尾敘述一遍，但卻有簡要地提幾句有關該大學校名幾度發生變化的必要。

日本的九州帝國大學的前身，是根據明治36年3月24日下達的第54號天皇勅令在福岡所設立的京都帝國大學第二醫科大學，亦稱京都帝國大學福岡醫科大學。該大學同樣根據天皇勅令自明治44年（1911）4月1日起正式改名爲九州帝國大學醫科大學（參見前圖5）。後來，九州帝國大學醫科大學這個校名又根據帝國大學令於大正8年（1919）4月1日再次改爲九州帝國大學醫學部。從當時日本帝國大學的結構上看，九州帝大在改名爲九州帝大醫學部以前，一直是九州帝大的一所分科大學，因爲當時除了醫科，還有工科分科大學存在。所以，郭沫若所說的「九州帝國大學醫科」，嚴密地說來並不準確。但它的所指無疑是「九州帝國大學醫科大學」這所當時地位僅次於東京帝大和京都帝大的名牌大學。

據《大正7年度九州帝國大學年報乙號表》〔註2〕上公開的《學生名冊》記載，該年度新生總人數爲104名，其中中國留學生5名。筆者在《九州帝國大學一覽》（自大正8年至大正9年）中發表的大正7年度入學、大正8年度醫科大學在校學生名冊上找到了這5名中國留學生的姓名。他們是：郭開貞、余霖、揚子驤、錢潮、夏禹鼎（參見前圖6）。

郭沫若自日本岡山第六高等學校第三部畢業以後，於1918年9月升入位於九州福岡的日本九州帝國大學醫科大學。對郭沫若來說，過去實行的「日本高等學校預科第三部畢業生中帝國大學醫科志願者分配方案」已經廢除（1916年1月12日）。他必須和其它日本同學一樣依照新規定先向自己希望進入的醫科大學提交入學申請。如果提交入學志願申請書的人數不超過該醫科大學該年度新生招收計劃人數，一般說來都可以免試入學。但是，如果提交申請的人數超過了大學計劃招生人數，那麼申請者就必須參加入學競爭考試。郭沫若在1918年8月24日家書中說，他在向九州帝國大學醫科大學提交了升學志願書以後，在他離開岡山之前就接到了大學寄來的免試入學通知書。也就是說，當時他必須按照《九州帝國大學通則》規定，具備以下三項

〔註2〕《大學史料叢書》第4輯，九州大學大學史料室，1996年3月，第71頁。

具體條件才能入學。

第一，在該年的 6 月 15 日之前必須通過所屬高等學校向九州帝大醫科大學校長正式提交入學志願書和履歷表。

第二，入學許可通知書寄到以後，辦理入學手續時必須要有保證人。

第三，必須交納入學費 5 日元和第一年度的學費 50 日元。

從這次新發現的郭沫若親筆填寫的大學入學志願書和履歷表上看（參見前圖 7、8），當時他具備了以上全部條件。保證人郭高梧即郭沫若的父親郭朝沛（字膏如，1853～1939）。這份入學志願書中可稱爲意外的發現是郭沫若本人於 1918 年 7 月親筆書寫的出生年月日。過去爲郭學研究者們所熟悉的「光緒十八年壬辰九月二十七日」這個時間，依據的是郭沫若於 1941 年 9 月 25 日自編的《五十年簡譜》。然而這次發現的大學入學志願書和履歷表上所記載的卻是「光緒十八年壬辰九月二十九日」，比過去爲人所知的時間要遲兩天。無論怎麽說，「光緒十八年壬辰九月二十九日」這個郭沫若的出生年月日作爲我們最新掌握的寫作時間最早的第一手資料，其可靠性毋庸置疑〔註3〕。

據《九州大學大學史料叢書》第 2 輯第 49～50 頁記載，1918 年度新生入學儀式於該年 10 月 4 日上午 9 時在九州帝國大學圖書館舉行。當時的新生日入學儀式實際上不過是一種宣誓儀式，即新生各自在事先寫有誓詞的宣誓人名單上莊重地簽署自己的姓名，讓自己的名字永遠和自己的母校共存。下面讓我們來看郭沫若當時的誓詞：

> 誓詞
> 本人自覺遵守校規，端正品行，努力攻關所定之學藝以報答本
> 學之恩德，特此起誓。
>
> 宣誓人：郭開貞
> 1918 年 10 月 4 日

儘管我們由此知道了這份誓詞的內容，但郭沫若簽署的原件由於收在「學籍簿」裡至今不知去向，故只能推測郭沫若的學籍簿中那份署名宣誓詞，內容上與上面九州帝國大學 1911 年 9 月 5 日定下來的誓詞如出一轍。

然而，1922 年 4 月 27 日以後，新生入學誓詞內容髮生了變化。原有誓詞中「所定之學藝」的「所定」二字被刪除了。所謂帝國大學的新生宣誓誓詞，

〔註 3〕過去公開的郭沫若留學日本六高時代的原始資料中未見入學自願書及履歷表。雖然我們已經見到過他的六高在學證明，但出生年月日一欄卻沒有填寫。

實際上相當於判斷學生品行的一種規範，既然只有埋頭於「所定之學藝」才算品行端正，那麼像郭沫若那樣在校期間把絕大多數精力投入文學創作和文學社團活動的「不務正業」的學生，若按當時的判斷標準來看，他絕不是一個好學生。

一、大學通則、醫學部內部規定的修改及新學年的重大調整

由於日本大正 8 年第 13 號敕令的實施，九州帝國大學醫科大學自同年 4 月 1 日起原來的九州帝大的一所分科大學正式更名爲九州帝國大學醫學部。日本的大學的學部相當於中國大學的系。九州帝國大學醫學部只是在稱謂上做了改動，而實際上原有的專業講座種類及課程課時並沒有發生任何變化。以下是現在的九州大學醫學部提供的郭沫若在校期間的專業講座開設一覽表。我們從這張表上可以瞭解到當時郭沫若到底修了些什麼課程。

1919 年九州帝大醫學部開設 24 講座一覽

解剖學	三講座	病理學	二講座
藥物學	一講座	生理學	二講座
醫化學	一講座	內科學	三講座
婦科學／產科學	一講座	小兒科學	一講座
外科學	二講座	整形外科學	一講座
皮膚科學／梅毒學	一講座	精神病學	一講座
衛生學	二講座	眼科學	一講座
法醫學	一講座	耳鼻咽喉科學	一講座

根據 1918 年至 1923 年間公佈並實行的九州帝國大學《醫學部規程》，各學年各學期的安排表如下：（以下出自《九州帝國大學一覽》）

1918 年 7 月 11 日（學年始・暑假始）── 1919 年 7 月 10 日（學年終）
　（一學年分爲三學期。第一學期從 9 月至 12 月；第二學期從翌年 1 月至 3 月；第三學期從 4 月至 7 月；7 月至 9 月爲暑假）
1919 年 9 月 1 日（第一學期始）── 1920 年 6 月 30 日（第二學期終）
　（一學年變爲二學期。第一學期從 9 月至翌年 1 月；第二學期從翌年 2 月至 6 月；7 月至 9 月爲暑假）
1920 年 4 月 1 日（第一學期始）── 1921 年 3 月 31 日（第二學期終）
　（學年再次變更。第一學期從 4 月至 10 月，7 月至 9 月爲暑假；第二學期從 11 月至翌年 3 月）

1921 年 4 月 1 日（第一學期始）── 1922 年 3 月 31 日（第二學期終）
1922 年 4 月 1 日（第一學期始）── 1923 年 3 月 31 日（第二學期終）
（一學年由三個學期變爲二個學期後，又稱爲前期和後期）

　　然而，在考察大正年間九州帝國大學通則的修改內容時，筆者發現郭沫若在校期間的學年學期安排事實上與以上《九州帝國大學一覽》中記載的並不一樣。郭沫若在校時間跨五個學年。

　　　　郭沫若入學後第一學年：1918 年 9 月至 1919 年 7 月
　　　　　　　　第二學年：1919 年 9 月至 1920 年 7 月
　　　　　　　　第三學年：1920 年 9 月至 1921 年 3 月
　　　　　　　　第四學年：1921 年 4 月至 1922 年 3 月
　　　　　　　　第五學年：1922 年 4 月至 1923 年 3 月（畢業）

　　郭沫若在校期發生了兩個變化。一是一個學年由最早的三個學期變爲兩個學期；二是學年由從原來的 9 月開始更改爲從 4 月開始。此外，郭沫若在校的第三學年實際上要比往年短 3 個月。根據這些相當特殊的情況，筆者編製了以下郭沫若九州帝國大學在校時間表。憑藉此表，我們可以對郭沫若的實際在校時間了若指掌。

年	1918	1919	1920	1921	1922	1923
月	9～12	1～3・4～7・9	～1・2～6・9～1	2～3・4～10・11	～3・4～10・11	～3
	第一學年	第二學年①	第三學年	第四學年②	第五學年③	

表注：① 由於日本帝國大學通則的修改，一個學年從 1919 年 9 月變爲前後兩學期。前期自 9 月至翌年 3 月，後期自翌年 4 月至 7 月。
　　　② 1921 年 4 月，日本帝國大學通則再次修改。學年的前期自該年 4 月起。第二學期中 4 月 1 日至 6 月 30 日期間的課程被重疊安排在 1920 年 9 月 1 日至翌年 3 月 31 日期間上完。據九州大學《大學史料叢書》第二輯中《大正 9 年 12 月 20 日「通則之修改」》一項解釋，當時如此修改的理由是「爲了將學年開始的時間移到每年的 4 月，故將大正 10 年 4 月至 6 月間的課程安排在同年的 3 月之前全部上完」。
　　　③ 按郭沫若入學的時間算，他如果完成爲時 4 年的學業，就應該在 1922 年 3 月 31 日畢業。然而他因爲中途因故耽擱了一年，所以畢業就推遲到了 1923 年的 3 月。如此算來，郭沫若在九州帝國大學實際留學時間爲 4 年零 7 個月。1918 年和他一起進校的另外 3 名中國留學生錢潮、夏禹鼎、余霖的名字都載於 1922 年 3 月的學士考試合格畢業者名單上。也就是說，這 3 名中國留學生在校期間由於日本的帝國大學通則的改動而得以在 3 年零 7 個月的時間內修完了本來需要 4 年才能修完的醫學課程並通過考試獲得了學士學位。此外，查九州大學醫學部躬行會 1960 年發行，九州大學 50 年校史通史編輯委員會編《學友名簿》記載，上述 3 人大學畢業以後留在母校繼續深造，最終都拿到了醫學博士學位。與郭沫若同期進入九州帝國大學醫學部的中國留學生總共 4 名，其中有 3 名成爲了醫學博士，還有一名姓揚子驥的同窗和郭沫若一樣留級一年後於 1923 年 3 月獲得醫學學士學位。此人畢業歸國後不久就因病

去世了。同期畢業的陶晶孫在回憶錄《創造社還有幾個人》中說，「帝大系許多文人中，論專攻成就順序就是：醫學之陶晶孫，社會學的何畏，均能以本行吃飯，其次為醫學之郭沫若及張資平的地質學，其次為造兵成仿吾經濟郁達夫心理鄭伯奇都不能應用專攻科目了」〔註4〕。郭沫若大學在校期間心有旁騖，不思學醫，自然成績不能和其它致力於醫學的同學攀高下。但即便如此，他最後還能應付難度較大的學士學位考試而「把醫科大學弄畢業」，這已經足夠說明他聰穎過人了。

二、有關在校期間必修課程的調查

下面，讓我們來看看郭沫若大學在校期間必修課程的學習情況。

郭沫若在《創造十年》中提到在九州帝大學醫的情況時說，在最初的兩年裡學瞭解剖學、組織學、生理學、醫化學、病理學、藥物學、細菌學以及精神病理學等基礎學科課程，後兩年裡學了內科、外科、小兒科、婦產科、皮膚花柳科、耳鼻喉科、眼科、牙科等臨床學問以及衛生學和法醫學等全部學科的課程。下面筆者想通過實際考察來驗證郭沫若所言是否屬實。

1918年至1923年的《九州帝國大學一覽》（五卷本）中的「九州帝國大學醫科大學規定」明文記載著當時學生每周必須出席的上課時間。筆者根據這些數據製作出了以下學生所學課程名稱和聽課時間一覽表。由於1918年9月（新學期）至1922年度的後期（至1923年3月）這短時期日本的帝國大學通則的幾度修改，醫學部學生的必修課程在種類及時間上發生了較大的變動。從總體上看，必修課程種類和每周課時都比過去大大減少了。

下面是郭沫若在校期間實際所修的課程種類及時間。

郭沫若在校期間必修課程及課時表

必修科目	每 周 課 程 表								
	第一學年			第二學年		第三學年		第四學年	
	每周課時			每周課時		每周課時		每周課時	
	第一學期	第二學期	第三學期	第一學期	第二學期	第一學期	第二學期	第一學期	第二學期
解剖學講義	12	8	6		2				
組織學	4								
組織學實習			6						

〔註4〕丁景唐編《陶晶孫選集》，人民文學出版社，1995年5月，第251頁。

科目									
解剖學實習		15			8				
生理學講義	4	4	6						
生理學實習			3	2					
病理學總論			2	4					
胚胎學			4						
病理學實習				6		1	1		
醫化學講義	4	3	2						
醫化學實習					6				
藥物學講義				4	2				
藥物學實習					3				
診斷及治療法				3	6				
外科總論				2	2				
外科學臨床						5	6	5	4
內科臨床講義						6	6	6	6
精神病學臨床						2	3	2	2
小兒科科學						2	3	2	2
整形外科學						3	2	3	2
眼科臨床講義						2	4	2	2
檢眼鏡實習									
皮膚病梅毒學						2	2	3	2
耳鼻咽喉科學臨床講義						3	3	3	2
婦產科臨床						3	2	3	2
牙科學臨床						2	2	2	2
衛生學講義						2	1		
衛生學實習							1		
黴菌學講義				3					
黴菌學實習					3				
法醫學講義						2	1		
法醫學實習							1		
32 科目合計	24	30	29	24	32	35	38	30	26

郭沫若剛進大學時（1918）醫科大學在校 4 年必修的功課總數爲 56 門，然而到了他畢業的 1923 年，醫學部要求學生必修的功課已經減少到了 28 門。那些年來，醫學部爲了減輕學生的負擔，一直在設法儘量減少學生的必修課的數量。1919 年 9 月 1 日開始實施的九州帝大醫學部規定修改方案把這件事正式提上議事日程，指出「儘量減少授課、特別是講義的課時，給學生以自由研討之餘地。另一方面將重點放在實習及臨床講義上，努力培養學生的學際知識和涵養」。

根據當時的醫學部規定修改方案，最終使這個問題眞正得到解決的辦法是將同一科目的總論、臨床講義以及實習等逐漸合併爲一門課。前面表格中列出的 32 門必修課和第一學年（3 個學期）課時數量的合計是醫學部規定修改實施之前的數字，郭沫若在校第一學年的情況正好與之吻合。

前面表格中的統計數字，或許能夠爲我們解釋郭沫若爲什麼自 1921 年 1 月起突然對醫學專業的學習不如以前用功和專心。筆者在調查中發現的醫學部對郭沫若的休學申請報告的許可批文，證實了郭沫若自 1921 年 1 月 25 日至 4 月 25 日整整休學了 3 個月。批文中說是因病休學，但病因卻不詳。我們從當時九州帝大通則第 2 章第 20 條「由於患疾病引起的 3 個月以上的休學，只要向醫學部部長正式提出書面申請並付上醫師出具的診斷書，獲准後可以休學」的明文規定看來，當時郭沫若因病休學一事的確屬實，然而如果我們查一下 1921 年 1 月至 3 月期間郭沫若的行動，又不免對此有幾分疑惑不解。因爲除了正好在這一段時間他寫出了爲數不少的文學作品之外，爲了謀職養家，他還跟隨好友成仿吾一起回過一趟國。同一時期在日本京都帝國大學留學的創造社同人鄭伯奇曾回憶說，「旺盛的創作欲望使他（郭沫若）感覺到上醫學課成了一種苦痛」[註5]，那麼素來非常要強的郭沫若爲什麼到了三年級以後突然成績下降而對醫學專業課程感到吃力了呢？這個問題過去甚至一直沒有人留意過。其實，我們只要注意當時他所必修的專業課程的安排，就會知道它的答案。

從一個學年的平均課時上看，第三學年所必修的課時雖然比第二學年要多，但遠遠趕不上剛進校的第一學年。郭沫若的問題出在第三學年，但卻不在課時的多少而在專業課的內容。一二年級所學的是解剖學、組織學、生理

〔註 5〕鄭伯奇《憶創造社及其它》，生活・讀書・知識三聯書店，1982 年香港，第 9 頁。

學、醫化學、病理學、藥物學、細菌學、精神病理學、外科總論、胚胎學、診斷和治療等郭沫若所說的「基礎學問」，然而一旦進入三年級，學生所必修的將全部變成「臨床學問」。郭沫若由於 17 歲那年患了傷寒病使得兩耳嚴重重聽。對他來說，尤其感到棘手的專業臨床課有三門。一是內科；二是小兒科；三是婦產科。據郭沫若的同班同學回憶，當時「二年級以下的基礎課全部是上 100 人以上的大課。總見郭開貞坐在大講堂的最前排拼命地做筆記」〔註6〕。儘管耳朵聽不清楚，但郭沫若勤奮地抄黑板記筆記，然後再對筆記內容進行消化，許多門功課的考試他都對付過來了，總算還不太吃力。然而到了 3 年級以後，尤其在上內科、小兒科和婦產科的臨床課時，要求每個學生必須使用聽診器去辨別患者體內發出的細微聲音。這三門需要健全聽力的臨床必修課，對患有嚴重耳疾的學生郭沫若來說，無疑成了一種巨大的精神負擔。據佐藤富子回憶，當時她多次看見郭沫若上完臨床課回家後，獨自在屋裏用聽診器在自己的胸部反反覆覆練習聽診的痛苦表情，每每產生動搖，拿不定主意是不是應該阻止他改學文學〔註7〕。然而，這些問題都發生在日本的大正年間。可以說當時對一個醫生的要求和現在很不一樣。

曾有日本學者提出疑問，說當時郭沫若學不了內科小兒科和婦產科，他為什麼不轉專業改學牙科或耳鼻喉科呢？言下之意無非是想指出當時郭沫若認為不能使用聽診器就做不了醫生故產生改行的念頭並非導致他棄醫從文的最直接原因。殊不知按當時日本帝國大學的要求，掌握內科、小兒科以及婦產科的理論知識臨床知識與技能是做一名醫生最起碼、最基本的條件。換句話說，當時的醫大生通不過這幾門重要臨床課和實際技能的考試大學就不能畢業。至於郭沫若當時為什麼不改學牙科或耳鼻喉科的問題，那是因為醫學部制度上不可能。日本大正時代的醫科大學，畢業之前是不分具體專業的。也就是說對每一個學醫的大學生來說，必修的課程和考試課程都是一樣。專攻學牙科或耳鼻喉科，那是學士畢業進入某某教授研究室繼續深造以後的事。

郭沫若心裡很清楚，生理上的缺陷是很難靠勤奮來彌補的。用不了聽診器也就意味著最終當不了醫生。既然結果擺在眼前，那麼還有什麼必要繼續學醫呢？想當初在岡山接到排名全日本第三的九州帝國大學的入學通知書的

〔註6〕瀨尾愛三郎：〈回憶中國留學生〉，《九大醫報》Vol25.No.3。
〔註7〕佐藤富子：〈回歸中國後的郭沫若〉，日本《新女苑》1938 年第 4 期，第 65 頁。

時候，他將自己最喜愛讀的文學書籍處理得一冊不剩，專心學醫的決心是那麼堅定，即便是在 1919 年 9 月至 1920 年 5 月詩歌創作衝動最強烈的那段時期，他也從未耽誤過任何醫學課程。然而，當他體會到光靠聰明加勤奮難以彌補生理缺陷的時候，自信心便轟然崩潰了。可以說，他在 1921 年 1 月向校方提出的因病休學申請，就是這種心理劇烈動搖的反映。

1920 年 9 月，由於改正後的新帝國大學通則的實施，新學年由過去的 9 月開始變爲 4 月開始。前一年度最後 3 個月的課程和 4 月份開始的新學期重疊。爲了適應新帝國大學通則，校方必修課程進行了重大調整。本來排在 1921 年 4 月至 6 月間的課全部被插入 1920 年 9 月至 1921 年 3 月的課程安排之中。在必修課程突然倍增的這段時間，郭沫若並沒有回國。突然增大的學習量和課時，變成了沉重的負擔壓在他的身上。他在專業學習上不甘認輸，又放不下文學創作。他深深地爲此苦惱，甚至想到了利用當時帝國大學間允許轉學跨系的條件轉到京都帝國大學文學部改行學文。這期間，住在博多灣臨海的網屋漁村一漁民家二樓的他「在二三兩個月間竟至狂到了連學堂都不願意進了。一天到晚踞在樓上只是讀文學和哲學一類的書」（《創造十年》）。他不僅沒有參加 1920 年 7 月醫學部舉行的第二學年的大考（《創造十年》中提到他因爲回國耽擱了考試，但回到日本後做了參加補考的準備），就連第三學年前期的專業課也幾乎沒去聽。

下面，讓我們來看看郭沫若大學在校 4 年零 7 個月期間參加考試的情況。

第二節　在校期間的學習及考試情況

關於這一部分情況的考察，主要參考了以下史料：

（一）1922 年 1 月 11 日郭沫若家書

（二）大正 7～12 年《九州帝國大學一覽》

（三）九州大學《大學史料叢書》第 1 輯～第 4 輯

郭沫若在 1922 年 1 月 11 日寫給父母的信中提到了在校期間的專業考試。他這樣寫道：

> 又大學四年中所受科目分成六部試驗。每部共三門，在試驗前三天抽籤，抽得其中一門，便專受此一門的試驗，其餘兩門無試驗。

於當受試驗時期中缺考時，每隔半年可以補考。

第一學年中　無試驗

第二學年末　第一、二部試驗

第三學年末　第六部試驗

第四學年末　第三、四、五部試驗

根據這封家書所述，郭沫若本應參加第二學年末由抽籤決定的第一部和第二部考試，結果因回國而沒能應考。由於學業被耽擱了一年，所以直到1922年1月寫這封家信的時候還沒有升入大四。1921年9月雖然從上海匆匆趕回了福岡，結果最終還是只參加了第一部課程的考試。寫這封信的時候，他正在複習準備參加預定在 3 月末舉行的第二部課程的考試。按照他的計劃，同年（1922）9月將接受第六部課程，而在翌年（1923）的3月，將接受第三、第四、第五部所有課程的考試。因為他知道，他必須硬著頭皮闖過一道道考試難關，否則永遠畢不了業，從前的努力勢必半途而廢。

我們根據這一點可以得知，1921年9月郭沫若趕回福岡是因為他並沒有下決心完全棄醫從文。說實話，當時他對自己最終能否畢業並沒有百分之百的把握，但是他知道要想吃醫學這碗飯，至少必須拿到醫學學士學位。要想拿學士學位，首先必須把自己最棘手的所有臨床實習全部做完，否則就不能獲得學士考試的應考資格。當時帝國大學醫學部的規章制度可謂滴水不漏。不修完所有的規定必修的課程並且考試及格，換言之各門功課不畢業，將得不到申請參加臨床實習的資格。所以，對郭沫若來說，既然有意拿醫學學士學位，那麼他首先必須大學畢業。

郭沫若說自己大學畢業「晚了一年」，嚴密地說來，實際畢業時間只往後推遲了半年。根據他入學時醫學部有關考試的規定（《九州帝國大學醫科大學規程》〈第三章・考試〉），「考試分為前後兩期實行（第七條）」，「前期考試在第二學年課程結束以後進行（第八條）」；「後期考試在第四學年課程結束以後進行（第九條）」。也就是說按當時的規定，學生從入學到畢業，只須接受兩次考試就可以過關。然而，雖然考試的次數少，但考試的科目卻非常多。具體說來，前期必須接受考試的科目是解剖學、組織學、病理學總論、藥物學、生理學及醫化學 6 門功課；後期考試的內容是從第一部科目（衛生學、法醫學、精神病學）和第二部科目（小兒科學、皮膚病學、梅毒學、耳鼻喉科學、整形外科學）中抽籤定出一門功課接受考試之外，還必須通過病理解剖學、

內科學、婦產科學、外科學、眼科學共 5 門課程的考試。也就是說，必須在大學的 4 年裡分兩次參加所修 18 門必修課程中的 13 門。各門功課的考試成績以 100 分爲滿分計算，60 分是及格線。當時還有一條嚴格的規定，那就是「只要任何一門考試科目得分低於 50，就作留級處理」。

從 1919 年開始，九州帝國大學醫學部的考試規則發生了變化。學士學位考試由過去分前後兩次進行的多門考試改爲抽籤決定考哪門課程。所謂抽籤，即將解剖學、法醫學等 18 門課程按 3 門爲一部均等分爲六部。學生從每一部中抽籤決定一門，然後應考。任課教官對學生考試成績的評分也改爲合格和不合格兩種。郭沫若由於沒有參加第二學年夏天舉行的前期考試而在當年年底接受了補考（第一、二兩部的課程），後來由於醫學部有關補考的規定有所改動，結果剩下的所有考試分別在第三學年末（第六部課程）和第四學年末（第三、四、五部課程）全部考完。按每一部抽籤考覈一門計算，郭沫若大學在校 4 年零 7 個月總共應該參加了 6 門課程的大考。這一點可以說確切無疑。但是至於說到究竟參加了哪些科目的考試，憑現有的資料暫時還下不了結論。因爲郭沫若入學至畢業期間，醫學部六部考核抽籤科目實際上一直在不停地發生變動。經過調查，筆者對郭沫若所參加的考試次數以及參加了哪些科目的抽籤進行了整理。

第一次（考試）時間：1921 年 9 月，
　　　　　　　　內容：解剖學，生理學（第一部）
第二次（補考）時間：1922 年 3 月，
　　　　　　　　內容：病理學，醫化學，藥物學（第二部）
第三次（考試）時間：1922 年 9 月，
　　　　　　　　內容：衛生學，細菌學，法醫學（第六部）
第四次（考試）時間：1923 年 3 月，
　　　　　　　　內容：內科學，精神病學，小兒科學（第三部）
外科學，整形外科學，婦產科學（第四部）
眼科學，皮膚病梅毒學，耳鼻喉科學，牙科學（第五部）

按照 1922 年九州帝國大學《醫學部規程》第九條規定，「關於所學學科，在按下面規定的時間內出席並修完以下各門講義和實習並拿到結業證書之前，無資格申請參加考試」。郭沫若 1923 年 3 月參加了醫學學士資格考試，也就是說他按醫學部當時的規定按時修完了以下各門講義和實習課程。

下面是郭沫若實際上修完了的醫學講義和臨床實習課程表：

解剖學講義	三學期	解剖學實習	三學期
生理學講義	二學期	生理學實習	一學期
病理學講義	二學期	病理學實習	一學期
醫化學講義	二學期	醫化學實習	一學期
藥物學講義	二學期	藥物學實習	一學期
診斷及治療法	二學期	外科總論	二學期
內科學臨床講義	三學期以上	精神病學臨床講義	三學期以上
小兒科學臨床講義	三學期以上	外科學臨床講義	三學期以上
整形外科學臨床講義	三學期以上	婦產科學臨床講義	三學期以上
眼科臨床講義	三學期以上	皮膚病梅毒學臨床講義	三學期以上
耳鼻喉科臨床講義	三學期以上	衛生學實習	一學期
衛生學講義	一學期	法醫學實習	一學期
法醫學講義	二學期		

第三節　九州帝國大學醫學部畢業

　　從 1921 年 4 月 1 日開始，九州帝國大學醫學部和日本其它幾所帝國大學一樣，按新規定將學年的新學期定在了每年的 4 月。這個新規定一直延續至今不變。大學畢業生每年 3 月底畢業離校，新生 4 月入學，自 1921 年起，到了今天似乎成了天經地義的事情。郭沫若 1918 年 9 月作爲新生進校，照理說大學 4 年如果不留級，就像中國現在的大學生那樣，應該在入學 4 年後的 1922年 7 月畢業。然而實際上由於醫學部規章的修訂外，加上他自己耽誤了兩次重大考試而不得不留級，他的畢業時間拖到了 1923 年的 3 月。自入學時他就一直渴望拿到的那張帝國大學醫學部頒發的畢業證書，也因爲帝大通則內容的修改從 1919 年 9 月 9 日起就停止頒發了。取代過去畢業證書的，是發給考試合格者的合格證書。九州帝國大學自成立以來只舉行過 7 次畢業典禮，1919年取消畢業儀式以後直到 1928 年才重新恢復。新的考試合格證書並沒有一定的頒發儀式，「學士考試合格證書」都是畢業生拿著自己的私人印章親自到學生科去領取。1923 年 3 月畢業的郭沫若自然也不例外。

　　迄今爲止，沒有任何資料提到過九州帝國大學當年發給郭沫若的學士考試合格證書。筆者雖然至今尚未目睹過原物，但卻在九州大學醫學部的實地考察過程中發現了九州帝國大學醫學部於 1919 年 11 月 7 日根據帝大通則決定的「學士考試合格證書」的文字內容及模樣（見下圖）。大學總長及醫學部長

的姓名、勳位、學位等由筆者根據九州大學《大學史料叢書》第二輯中〈九州帝國大學沿革史料二〉的記載內容填入。如果蓋上九州帝國大學和醫學部的公章以及當時在任的醫學部長和大學總長的私人印鑒，應該和當年郭沫若從醫學部學生科領到的那張學士考試合格證書一模一樣。

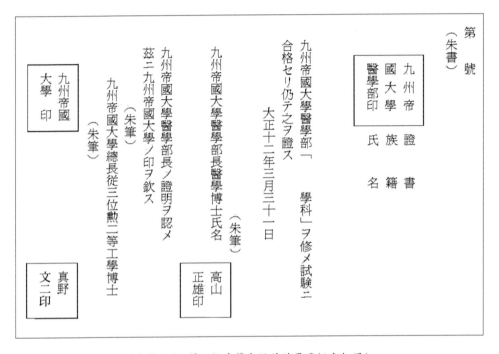

（朱筆）（紙質、輪廓等與從前的畢業證書相同）

此外，1922 年 5 月 30 日九州帝國大學作出將學位證書的樣式統一規範化的決定。現在該校頒發的博士學位證書仍然採用當時定下來的圖案。1923 年 3 月末郭沫若拿到的醫學部學士學位證書應該是同一圖案。

以下是 1922 年 5 月決定學位證書規範化時對證書中的圖案所作的闡釋。

自希臘神話中出現雙翼橫擊九天的天馬珀伽索斯和漢書中稱大宛漢血之駿足爲天馬以來，其文樣所表現的，近見於我法隆寺奉供物品之水寶，遠見於埃及的錦文。天馬古來譬士之俊髦，文章議論之卓越絕倫概被比做天馬行空。天馬出典古遠，姿態莊重蘊義深邃，周圍襯以蔓草及圖案輪廓之花紋只是出於和諧。九州帝國大學六字集自金石古文。

徽印呈金色凸出襯出九州帝國大學六字底色爲淡茶色。花紋仍

配淡茶色。輪廓爲白色。

1923 年 3 月 31 日，九州帝國大學醫學部張榜公佈了醫學士資格考試合格者名單。中國留學生郭開貞榜上有名（九州帝國大學畢業合影參見前圖 9。第二排右起第二名，眼睛看著別處一副心不在焉的樣子。第三排右起第一名就是陶晶孫。）。他和醫學部其它考試合格者一樣拿著自己的私人印鑒來到醫學部學生科。在那裏，他接受了辦公人員例行公事的詢問之後，領到了兩張盼望已久的文憑。一張是醫學士考試合格證書，另一張是醫學士學位證書。

第四節　其　它

一、郭沫若在校期間醫學部學生的制服制帽

九州帝國大學自 1911 年開始要求學生穿戴制服制帽，其服裝的款式直至 1926 年沒有變化。（參見前圖 10）

二、郭沫若與學友會雜誌《學士鍋》的封面題字

九州大學醫學部學友會（又稱躬身會）雜誌《學士鍋》創刊於 1972 年 6 月。「學士鍋」（參見前圖 11）的學友活動史，要追溯到九州帝國大學的前身──福岡醫科大學的時代。所謂「學士鍋」，源於京都帝國大學所屬福岡醫科大學首屆畢業典禮（1907 年 12 月 12 日）。後來成了不形成文字的畢業典禮整套程序中必不可少的一環。每年的畢業儀式結束後，必定要在校內運動場上舉行慶祝大會。綠茵場中央架設起 6 口大鍋，煮好紅薯肉湯，師生會聚，吃喝談笑以示慶賀。學士們在慶賀會上或向教授們謝恩，或談自己的抱負理想，慶賀會完後誰也不會離去。因爲他們知道，照慣例接下來福岡市政廳要招待全體新學士去座落在福岡市最繁華的東中州的九州共進館出席豐盛的晚宴。

然而，由於過去醫學部的畢業典禮早在郭沫若入學那年就已經取消，所以當郭沫若作爲學士畢業的時候並沒有什麼由校方主辦的慶祝活動，所以郭沫若拿到學位證書的第二天就攜妻兒一家登上了歸國之途。「學士鍋」活動是醫學部學友會主辦的師生聯歡，郭沫若作爲畢業生雖然屬於應該參加之列，但他拿到文憑後早已是歸心似箭，加上一家人的歸國日期定在 4 月 1 日，恐怕這時忙得不亦樂乎，也別無心思扔下家人不管去和同學們吃喝說笑了。

　　前面提到，《學士鍋》這份雜誌是九州大學醫學部根據具有傳統意義的醫學士畢業慶祝活動而命名的學友會刊物。筆者在考察郭沫若的留日史時，意外地發現了他與他的母校醫學部的這本雜誌之間曾經有過一段鮮爲人知的逸話。這段有關郭沫若的人生插曲的敘述，主要參考了 1948 年從九州大學醫學部畢業，後來成爲同校名譽教授的占部治國先生撰寫的回憶錄《「學士鍋」的題字》。

　　1972 年 6 月創刊的九州大學醫學部學友會雜誌《學士鍋》，從創刊號起至第 8 期封面題字一直用的是 1927 年醫學部畢業的校友日高壯三先生（書法頗有名氣）的手筆。第 9 期出版時逢九大醫學部創立 70 週年紀念，負責雜誌編輯的池見西次郎教授爲此召集了由校內外人士組成的編輯委員會，討論到底請哪位知名人士爲正在籌備的《學士鍋》紀念號封面題字。人選條件有兩條，一是必須是校友；二是知名度不能在爲前 8 期《學士鍋》題字的日高壯三先生之下。討論過程中，編輯委員占部治國教授提出了醫學老前輩部校友郭沫若的名字。經他介紹郭沫若的情況後，全體編委一致同意，並委託郭沫若的同班同學、當時已經從九大醫學部退休的名譽教授瀨尾愛三郎先生出面懇請郭沫若爲雜誌封面題字。

　　就這樣，郭沫若的題字於 1973 年 12 月 25 日從北京寄到了《學士鍋》編輯部。題字用的紙是放在信封裏和信一起寄來的。小小的「學士鍋」三個字寫在一張已經陳舊發黃的舊宣紙上，看上去可以感覺到寫字人握筆的手的劇烈顫抖。據說當時在場的幾名編輯委員對郭沫若這位當代中國大名鼎鼎的書法家寄來的題字大所失望。由於一部分編輯委員的強烈要求，郭沫若題寫的「學士鍋」三個字最終還是按計劃刊登在九州大學醫學部創立 70 週年紀念號《學士鍋》雜誌封面上。82 歲高齡的郭沫若書寫的這三個顫顫巍巍的毛筆字一直被用到郭沫若去世的 1978 年的第 28 期才又重新換成最早由日高壯三先生的揮毫的字。

　　筆者以爲，九州大學醫學部學友會雜誌《學士鍋》編輯部的教授們當年仰慕郭沫若書法家之大名而懇請他爲雜誌封面題字。他們在並非讚賞其字的情況下將那三個字一直採用至郭沫若逝世完全是出於對同窗前輩的崇敬和愛戴。他們不可能知道，82 歲高齡的郭沫若在題寫「學士鍋」這三個字的 1973 年 12 月處於一種怎樣的生存狀態。要知道，當時郭沫若在激烈的政治鬥爭漩渦中已經精疲力竭。我們知道，1973 年年底正是「四人幫」搞所謂「評法批

儒」政治運動並對年邁體弱的郭沫若糾纏不休的時候。可以說郭沫若當時是在精神狀態相當不穩定和身體非常不好的情況下爲了不讓母校的後輩們失望而勉爲其難寫下的。要不然，我們無論如何也解釋不了他在去世前的 1977 年 2 月 4 日書寫的那幅內容爲「粉碎四人幫，春回宇內。促進現代化，勁滿神州。──凱歌高唱」的春聯筆致怎麼會那樣地遒勁〔註8〕。

第五節　郭沫若在校期間醫學部各講座任課教官及部分恩師介紹

一、郭沫若在校期間各講座任課教官名單

有一個問題過去郭沫若研究界一直沒搞清楚，那就是郭沫若在九州帝國大學醫學部留學期間各門講座的擔當教官是誰。尤其是中國方面的學者們，由於手中沒有掌握史料，所以除了在郭沫若自傳《創造十年》和部分書簡中出現過的小野寺、石原、大西三位教授的名字以外，不可能知道更多的情況。本次筆者有幸在調查過程中發現了一批珍貴的史料，尤其值得一提的是曾任西日本新聞社編輯局長的已故媒體人鬼頭鎭雄先生於 1948 年出版的《九大風雪記》（西日本新聞社）。九州大學大學史料室 2000 年 3 月內部重印了這本書，筆者幾經周折才得到這本尤其珍貴的資料。說它尤其珍貴，是因爲該書作者鬼頭鎭雄身爲九州本地的媒體人曾經二十多年負責採寫有關九州大學的新聞報導，在這本書中將當年九州大學醫學部的教授們描寫得活靈活現。

下面先讓我們來看郭沫若在校期間各講座教官的擔當情況：

1. 解剖學：（1918 年～1923 年）

第一講座擔當　小川龍德教授
第二講座擔當　櫻井恒次郎教授
第三講座擔當　進藤篤一教授、石澤政男副教授

2. 病理學：

第一講座擔當　中山平次郎教授
第二講座擔當　田原淳教授、竹內清副教授

〔註 8〕這幅字的照片見《郭沫若對聯集》，四川大學出版社，1994 年 9 月。

3. 藥物學：

　　藥物學講座擔當　石阪友太郎教授、豐山靜邇講師

4. 生理學：

　　第一講座擔當　石原誠教授

　　第二講座擔當　板垣政參教授、操坦道講師

5. 醫化學：

　　醫化學講座擔當　後藤元之助教授、高畑哲五郎副教授

6. 內科學：

　　第一講座擔當　井戶泰教授、吳建教授、筱崎哲四郎副教授、
　　　　　　　　　中村新、金子廉次郎、向井元享副教授、板本輯、
　　　　　　　　　中島良貞講師

　　第二講座擔當　武谷廣教授（第一講座分擔）

　　第三講座擔當　小野寺直助教授（第一講座分擔）

7. 婦科學、產科學：

　　婦科學、產科學講座擔當　今淵恒壽教授、楠田彰司副教授、
　　　　　　　　　　　　　　向井久市講師

8. 小兒科學：

　　小兒科學講座擔當　伊東祐彥教授、箕田貢副教授

9. 外科學：

　　第一講座擔當　三宅速教授、赤岩八郎、穗積榮次郎副教授

　　第二講座分擔　三宅速教授、後藤七郎教授、岩永仁雄副教授、
　　　　　　　　　楠正人副教授、問田亮次講師、玉井一夫講師

10. 整形外科學：

　　整形外科學講座擔當　住田正雄教授、淺田爲義副教授

11. 皮膚病學、黴毒學

　　皮膚病學、黴毒學講座擔當　旭憲吉教授、高木繁副教授

12. 精神病學：

　　精神病學講座擔當　榊保三郎教授、吉澤好雄講師

13. 衛生學：

　　第一講座分擔　宮入慶之助教授、大平得三副教授、
　　　　　　　　　鈴木稔副教授、本鄉玄一講師

第二講座擔當　小川政修教授
14. 眼科學：
眼科學講座擔當　大西克知教授、越智貞見副教授、
西岡道隆副教授、久保木保講師
15. 法醫學：
法醫學講座擔當　高山正雄教授、藤原教悅郎副教授、
深町穗積副教授
16. 耳鼻咽喉科學：
耳鼻咽喉科學講座擔當　久保豬之吉教授、久保護躬講師、
山川強四郎講師
17. 細菌學：
細菌學講座擔當　小川政修教授、上桓淳造講師
18. 齒科學：（根據大正 11 年 5 月 29 日敕令 291 號加入）
齒科學講座擔當　問田亮次教授

二、有關郭沫若在校期間的任課教官資料

郭沫若在九州帝國大學留學期間，任大學總長之職的一直是原東京帝國大學工科大學教授、曾經出任過日本文部省實業學務局局長的工學博士眞野文二（參見前圖 12）。任醫科大學校長的剛開始是醫學博士伊東祐彥教授，1919 年 4 月醫科大學改組改稱成九州帝國大學醫學部以後，部長的職務由高山正雄（參見前圖 13）醫學博士接任。前者伊東祐彥是當時日本全國屈指可數的兒科專家，後者高山正雄則是法醫學界的破案高手，1917 年 2 月博多發生德軍俘虜的夫人被殺一案，警方一度走入迷宮而久久不能破案，多虧了當時九州帝國大學的法醫學教授高山正雄獨創的「逆指紋」辨別法，殺人案件才柳暗花明又一村。這位高山正雄由於深得醫學部同僚的信任，做部長直至做到 1926 年才由後人接替。十年後，這位醫學部的老部長被推選爲九州帝國大學總長。雖然在位不到一年，但卻有口皆碑，作爲醫學部元老之一，算得上一位風雲人物。

郭沫若在自傳《創造十年》中只言及兩位大學恩師的名字。一位是人品孤高令郭沫若感佩的大西克知教授（參見前圖 14），另一位是學問高深讓郭沫若欽羨的石原誠博士（參見圖片 17）。筆者通過調查，發現郭沫若不僅在九州

帝大留學期間，即便是在後來亡命日本時期和新中國成立後的 50 年代中期，依然和大學時代的另兩位恩師保持著良好的師生往來。這兩位恩師一位姓小野寺，名直助（參見前圖 15）；另一位姓中山，名平次郎（參見前圖 16）。前者最近幾年國內已有研究者在一部分文章或專著的章節裡多少提及，後者的情況是這次大規模考察才發現的，於本書也是第一次公開。

　　大西克知教授是在九州帝大醫學部的前身──醫科大學時代就邐邇馳名的眼科神醫。作爲元老級教授，他不僅學問精深，而且性格秉直孤傲。在年輕的教師和醫學部的學生中，提起大西克知教授，無人不曉他的兩大獨特之處。一是喜歡操一口流利的德語上課，讓人難做筆記，考試時叫苦不迭。二是考試打分非常嚴格，而且喜歡大聲訓人，不管對方的身份地位高低。郭沫若在《創造十年》中對大西教授將一名無禮的日本陸軍將軍逐出診療室的無視權威之行爲和清高的人格讚不絕口，可郭沫若當年患有嚴重的耳疾，即便是坐在大教室的最前排，想必也埋怨過在課堂上嘰哩呱啦德語流利得讓人聽不懂的嚴師吧。

　　如果說大西克知教授是因爲高尚的人品和眼外科手術的精湛讓人欽佩，那麼另一位石原誠則可以說是一位日本生理學研究領域的天才學問家。福岡醫科大學剛設立的時候，24 歲的石原還在東京帝國大學醫科大學當助手。做一名內科醫生是他本來的理想，但因爲中耳炎引起的聽覺不敏使他不能掌握聽診等內科臨床的基本功，他才下決心專攻生理學這門基礎學科的。大學畢業後沒過幾年，他在生理學研究上顯露出來的超人才華很快就引起了日本醫學界的矚目。爲此福岡醫科大學第一任校長大森治豐特地到東京帝國大學來挖他這個難得的人材。福岡醫科大學給他的優厚的條件是馬上派遣赴德國留學，歸國後直接回九州帝國大學當生理學教授。照理說學校公費派遣留德加上由助手直接升教授這兩項條件對正在助手位置上的石原來說是相當有誘惑力的。然而出乎大森治豐這位愛才如命的伯樂意料之外的是石原根本不爲之所動。據說理由十分簡單，只是因爲不願意離開東京帝大這方寶地。九州在他眼裡只是「鄉下」的代名詞。他年輕有爲，加上獨身一人無牽無掛。可以說屈尊做助手只是暫時的，在東京帝國大學這一學界的制高點上，可謂前途不可估量。大森治豐挖掘人材失敗的消息驚動了文部省的上層官僚。由於籌建福岡醫科大學本來是文部省的計劃，所以當時的文部大臣菊池大麓決定親自出面干涉此事。然而，沒想到石原這個人脾氣也犟得過人。管你是大臣還

是天王老子，公事公辦擺一副大架子以地位壓人，他反而不吃這一套。最後雙方一直僵持到文部大臣放下架子，同意將自己的千金作嫁，石原才給對方面子表示接受大森治豐提出的條件。

九州帝國大學時期的石原誠教授果然不負眾望，在心臟生理學和生物遺傳學的研究方面接連出好成績爆冷門。據筆者所查，僅郭沫若在校的 5 年間，每年文部省都要撥出一大筆科研經費提供給他從事研究。在那幾年中，他主要致力於「心臟刺激傳達系統的功能」、「生物間近親程度的血清學研究」以及「淡水魚的雜交試驗」等方面的研究。

小野寺直助教授的情況和石原誠不同。小野寺是福岡醫科大學自己培養出來的人材，學生時代就以成績優秀深得老一輩教授的厚愛。由於在校期間學習成績一直名列前茅，畢業時他被選拔爲優等畢業生，還榮獲文部省次官（副部長）前來親授的天皇賜獎品。學校出於對他的器重，在他任內科學講座助手的時候就將他派遣到德國去留學深造。1916 年學成歸國後，又爆出冷門連跳講師、副教授兩級直接晉升爲內科學第三講座的主任教授。爲此，小野寺在九州帝國大學醫學部多年來一直是年輕醫師和研究者們崇拜和追隨的對象。在內科臨床方面，作爲一名內科醫生，小野寺還有一件絕活兒使他在九州甚至全日本名聲赫赫。所謂「絕活兒」，是指他獨創的「乳房觀診法」和「肚臍觀診法」。儘管小野寺的這些絕活兒剛開始引來了不知內情的患者的猜疑，但他診斷的準確率很快就讓他和他的奇特觀診法名傳四方。1934年，小野寺耗費了 15 年心血研究成功的、能夠早期發現和診斷治療十二指腸潰瘍病的「胃曲線診療法」榮獲學界最高檔次的學士院獎。1943 年 5 月 30 日從九州帝國大學退休以後，小野寺到當時日本統治下的僞滿洲國的一家叫新京醫院的地方擔任過一段時期的院長。日本戰敗後回到日本大分縣著名的溫泉之鄉別府的龜川國立醫院做院長，後來還出任過日本久留米醫大的校長之職。

中山平次郎教授的情況和石原誠一樣，最早也是東京帝國大學醫科大學的助手。他被調到九州的福岡醫科大學任病理學講座主任教授的過程大致也跟石原誠的情況差不多，離開東京帝大時是助手，留德回來時等他上任的是教授之職。不同的是中山自己原意到九州來，既沒有驚動文部省的高級官僚，也沒有娶什麼達官貴人的千金做夫人。郭沫若在校期間中山平次郎一直任病理學講座教授，同時還兼管學生事務（日語稱學生監）。雖然郭沫若在《創造

十年》裡沒有提到過中山平次郎這個名字，但經筆者考察，發現郭沫若和這位中山平次郎有著某種特殊的關係。

郭沫若在九州帝國大學醫學部留學時期，這位中山平次郎可以說是九州地區的顯赫人物。非常有趣的是他的這種社會知名度並非來自他的病理學專業學識和研究業績，是他在考古學方面的愛好和成就使他享有「九州考古之父」的聲譽。內科的小野寺雖然也是一個醫學部師生人人皆知的中國古瓷收藏家，但他僅僅止於個人的愛好，而中山平次郎卻不同。對中山博士來說，沒有比考古更能引起他的興趣的了，甚至在耗費的時間和精力兩方面常常顛倒病理學專業和業餘考古之間的主次關係。郭沫若在《創造十年》中提到博多西海岸的「元寇防壘」和在志賀島上發現的、古籍《魏志倭人傳》中有所記載的金印，實際上這兩項被視爲福岡最有價值的古代文物都是當年九州帝國大學醫學部現任病理學教授中山平次郎通過業餘考古發現並命名的。中山平次郎不僅主持了這兩項文物所在地點的考證和具體發掘考察工作，還以在博多西面的絲島郡出土的銅劍考證出日本從石器時代進化到鐵器時代之前還經過了金石並用的時代。這幾項重大考古成就使他垂名日本考古史。青年和中年時代的中山平次郎精力過人，他一邊在醫學部主持病理學領域的教學和研究，一邊利用業餘時間從事考古。大正年間經常可以看到他和醫學部另一位考古愛好家高山正雄教授背著背囊在福岡附近的山裡發掘古墓。他以一名病理解剖學者的洞察力將自己有關考古學方面的大膽假說寫成立論嚴謹的科學論文，發表在當時日本最具權威性的專業學術雜誌《考古學雜誌》上，不斷給予日本考古學界以新的刺激。

第六節　日本大正年間九州帝國大學醫學部在校的中國留學生

在本小節中，筆者準備公開最近在調查中有幸得到的、有關郭沫若留學九州帝國大學醫學部期間進入該學部和從該學部畢業的中國留學生的珍貴資料。

說這些資料珍貴並不只是筆者自認爲它珍貴，而是因爲這些中國留學生的資料除了在他們各自的學籍簿有所記載以外，在其它任何地方不可能找到。這批資料將爲國內的郭沫若、陶晶孫、夏衍以及蔡儀等早年留學日本九

州帝國大學的中國留學生的研究提供不少可靠而有用的資料和數據。筆者發現這批原始資料，特別是包括郭沫若、陶晶孫等人在內的九州帝大醫學部中國留學生名單手寫原件只能說是一種幸運（參見前圖18）。

九州帝國大學醫學部中國留學生入學、畢業人數（1912年～1926年）

公元	1912	1913	1914	1915	1916	1917	1918	1919	1920	1921	1922	1923	1924	1925	1926
入學	0	2	2	4	2	1	5	5	2	4	1	3	2	1	1
畢業	0	0	0	0	0	2	2	4	2	0	3	7	1	3	2
自費				8	10				13	17	14	9	10	6	
官費															
開除											1				
升研究院													1 自費		

九大醫學部臺灣留學生入學、畢業人數（1912年～1926年）

公元	1912	1913	1914	1915	1916	1917	1918	1919	1920	1921	1922	1923	1924	1925	1926
入學				1				1							1
畢業												1			

（以上根據『九州大學50年校史‧通史』製作。臺灣當時被當成殖民地對待，故與中國大陸分開立項。）

　　以下日本大正年間九州帝國大學醫學部在校的中國留學生名單由筆者根據《九州帝國大學（醫學部）留學生名簿》（1923年始）製作而成。爲了再現原物風貌，名簿中的用語照般原樣。

入　　學	畢　　業
大正二年 （1913）	吳萃蘭（浙江省）……大正6年11月28日卒業 戎肇敏（浙江省）……大正6年11月28日卒業
大正三年 （1914）	劉先登（湖北省）……大正7年12月4日卒業 徐誦明（浙江省）……大正7年12月4日卒業
大正四年 （1915）	崔元愷（廣東省）……大正8年12月1日卒業 柳南柱（廣東省）……大正8年12月1日卒業 蘇炳麟（廣東省）……大正8年12月1日卒業 顧祖漢（江蘇省）……大正8年12月1日卒業

大正五年 （1916）	柳汝昭（廣東省）……大正 9 年 7 月 1 日卒業 胡　鯤（浙江省）……大正 9 年 7 月 1 日卒業
大正六年 （1917）	陳　中（浙江省）……除籍（開除學籍）
大正七年 （1918）	夏禹鼎（浙江省）……合格（大正 11 年 3 月 29 日） 郭開貞（四川省）……合格（大正 12 年 3 月 31 日） 錢　潮（浙江省）……合格（大正 11 年 3 月 29 日） 楊子驤（廣東省）……合格（大正 12 年 3 月 31 日） 余　霖（浙江省）……合格（大正 11 年 3 月 29 日）
大正八年 （1919）	陶　熾（江蘇省）……合格（大正 12 年 3 月 31 日） 何　愼（廣東省）……合格（大正 12 年 3 月 31 日） 周文達（浙江省）……合格（大正 12 年 3 月 31 日） 楊子韜（廣東省）……合格（大正 12 年 3 月 31 日） 龔寶鍵（浙江省）……合格（大正 12 年 3 月 31 日）
大正九年 （1920）	彭澤中（湖南省）……大正 12 年 7 月 18 日病死 （公費）祝振綱（江蘇省）……合格（大正 12 年 3 月 31 日）
大正十年 （1921）	（公費）夏禹銘（浙江省）……學士試驗合格（大正 14 年 12 月 3 日） （公費）譚大同（廣東省）……學士試驗合格（大正 14 年 12 月 3 日） （公費）董道蘊（浙江省）……學士試驗合格（大正 14 年 12 月 3 日） （公費）王大德（四川省）……合格（大正 15 年 3 月 31 日）
大正十一年 （1922）	（公費）戴夏民（浙江省）……合格（大正 15 年 3 月 31 日）
大正十二年 （1923）	（公費）彭玉書（廣東省）……昭和 2 年 3 月 31 日學士試驗合格 （文化事業部より支給）王延綱（奉天省）…昭和 2 年 3 月 31 日學士試驗合格 （公費）戈紹龍（江蘇省）……昭和 2 年 3 月 31 日學士試驗合格
大正十三年 （1924）	（公費）劉祖霞（江西省）……昭和 3 年 3 月 31 日學士試驗合格 （文化事業部より支給）蘇記之（江蘇省）…昭和 3 年 3 月 31 日學士試驗合格
大正十四年 （1925）	（文化事業部より支給）孟憲蓋（山東省）……昭和 4 年 3 月 31 日學士試驗合格
大正十五年 （1926）	（省官費）莊兆祥（廣東省）……昭和 5 年 10 月 31 日學士試驗合格

＊ 陳中的畢業欄記載爲「除籍」。根據九州帝國大學醫學部批件交付備忘錄記載，除籍爲對學
　生最嚴重的處分，即開除學籍。日期是大正 11 年（1922）12 月 27 日。該項記載內容如下：
　「陳中。大正六年入學。自本學年第一學期不交納學費，現依據本學校通則第三十二條規
　定開除其學籍。大正 11 年 12 月 27 日。」

　　郭沫若曾在自傳《創造十年》中不止一次提到九州帝國大學時代的同胞
留學生。其中姓陳的只有比郭沫若高一年級的好友陳君哲而沒有人姓陳名
中。我們可以猜測陳中即陳君哲，但不能斷言。幸好筆者在一個偶然的機會

看到了 1916 年《中華留日六高同學會會報》第 2 號載出的日本六高中國留學生名單上陳中即陳君哲的文字依據。下面引用這份資料。

姓　名	字	年齡	學科	學級	原籍	本國連絡場所	大學
陳　中	君哲	28	醫	2	浙江	紹興西郭門外賞村郡伯第	九大醫
郭開貞	義夫	24	醫	1	四川	樂山城內縣街清和店轉沙灣郭宅	

　　據九州大學醫學部 1960 年整理出版的《學友會名簿》記載，日本大正年間留學於九州帝大醫學部的 36 名中國學生之中，獲得了醫學博士學位的有夏禹鼎、錢潮、余霖、陶熾和楊子韜 5 名。陶熾即陶晶孫（郭沫若參加畢業實驗參見前圖 19）。

　　此外，關於這 36 名中國留學生畢業後的去向，筆者根據《九州帝國大學醫學部昭和 5 年學友會名簿》記載內容製作成了以下資料。

吳萃蘭（五高）	（無就職記錄）	何　愼（八高）	岐阜縣惠那郡中津町中津川一八七五～二外科病院就職
戎肇敏（一高）	三宅外科學研究室副手*1。後於北京宣內國會街震旦醫院就職	周文達（五高） 楊子韜（六高）	上海靜安寺路俊明醫院就職（博士）廣東省廣州市光華醫科大學（兒科）就職
劉先登（六高）	小野寺內科研究室副手		
徐誦明（六高）	中山病理學研究室副手。後於北京醫科大學就職	龔寶健（三高）	XXX 婦產科就職（醫院名無記載）
崔元祈（六高）	浙江省杭州醫學專門學校（皮膚科）就職	彭澤中（不詳） 祝振岡（四高）	1923 年 7 月 18 日因病死亡江蘇省崇明島醫院（外科）就職
柳南柱（六高）	廣東省廣州市博愛會醫院（兒科）就職	夏禹銘（三高）	南京鼓樓醫院婦產科就職
蘇炳鱗（二高）	廣東光華博愛會醫院（外、耳科）就職	譚大同（三高）	廣東省城水營後街梅園（外科）
顧祖漢（八高）	江蘇省蘇州司前街第堂 118 號	董道蘊（三高）	上海蘇州路一三一號滿春醫院
柳汝昭（六高）	下關市入江町九五中澤外科醫院就職（歸化後改姓中澤）	王大德（六高） 戴夏民（八高）	赤岩外科研究室副手南京鼓樓醫院（皮膚泌尿科）就職
胡　鯤（八高）	杭州醫學專門學校（耳鼻喉科）就職	彭玉書（一高）	（皮膚科）歸國就職（醫院名不詳）
陳　中（六高）	開除學籍	王延岡（四高）	奉天省城東北陸軍醫院（內科）
夏禹鼎（三高）	東京大學藥物研究室（博士）		
郭開貞（六高）	無職業	戈紹龍（二高）	北平醫科大學（精神科）教授
錢　潮（八高）	小野寺內科研究室（博士）。後歸國赴浙江醫學專門學校任教授	劉祖霞（七高） 蘇記之（不詳）	小野寺內科研究室副手福岡市堅粕町婦產科教室就職
楊子驤（六高）	歸國後去向不明		

| 余　霖（一高） | 後藤七郎外科學研究室（博士）*2 | 孟憲蓋（六高） | 九州大學醫學部整形外科副手 |
| 陶　熾（一高） | 日本東北大學理學部物理學研究室*3 | 莊兆祥（二高） | 未畢業。現住福岡市西堅粕町新川町三二 |

*1. 有關余霖畢業後的去向依據九州帝國大學醫學部批件備忘錄。該文件記載文字如下：「大正 13 年 2 月 26 日批准學生余霖大正 13 年 2 月 25 日提交的進入研究生院的申請」，「大正 13 年 2 月 26 日批准學生余霖接受九州帝國大學後藤七郎及板垣政彥兩教授的指導」。

*2. 陶熾（晶孫）畢業後的情況，依據陶瀛孫、陶乃煌執筆的《陶晶孫小傳》（人民文學出版社 1995 年 5 月出版《陶晶孫選集》第 401 頁）。

*3. 按《九州帝國大學通則》裡的《關於九州帝國大學副手的規定》，研究室副手之職在助手之下，直接由帝國大學總長委任。原則上無薪金但可以根據情況適當發給津貼。只有研究生、分科大學畢業生或具有同等學歷以上的人才能做副手。副手的工作是在正副教授的指導下從事學術技藝研究活動，工作持續二年以上並獲得顯著成績者，可獲得帝大總長出具的業績證明書。

第四章　有關九州帝大醫學部留學時期郭沫若交友的考察

第一節　郭沫若與「九州考古之父」中山平次郎博士

　　如前所述，中山平次郎博士是九州帝國大學的前身——京都帝國大學福岡醫科分科大學時代就任病理學專業的主任教授。若論資格，他要算九州帝大醫學部最早那批元老級人物中的一位。郭沫若在校期間，中山教授除了主管醫學部本科的病理學講座和指導病理學研究室的年輕學者從事專業研究以外，他還同時兼任醫學部的學生管理工作。1931 年 8 月 25 日以終身名譽教授的身份退離教學崗位以後，將熱情全部注入到從前作為業餘愛好的考古學研究之中。由於中山先生青年和中年時代的過勞，到了晚年身體變得十分虛弱。考古的業餘愛好和對文物的收藏癖好使得他幾乎耗盡了所有的家財。九大老一輩同窗或瞭解他的同僚們都說他晚年的生活太簡樸、太孤獨。他終生不娶，晚年孤獨一人和病魔搏鬥，一直活到他的弟子郭沫若 1955 年率領中國科學院學術視察團訪日時登門叩訪之後的翌年。

　　作為郭沫若的恩師，中山教授不像石原博士和小野寺教授那樣直接出現在郭沫若的自傳《創造十年》和多種郭沫若評傳之中，可以說中山平次郎這個名字迄今為止不為任何郭沫若研究者所熟悉。筆者在此專門關一小節篇幅並不只是為了向國內學者及讀者介紹中山平次郎這個和郭沫若有過數年師生關係和情誼的人物，而是為了公開一樁發生在郭沫若和他的恩師中山平次郎之間的一樁感人的故事。

　　1955 年 12 月 27 日，以郭沫若爲團長的中國科學院學術視察訪日團一行
15 人訪問了位於福岡市的九州大學。我們可以通過當時代表團隨員兼團長翻
譯的劉德有（80 年代後期任中國文化部副部長）撰寫的回憶錄《隨郭沫若戰
後訪日》〔註1〕瞭解到中華人民共和國建國後郭沫若第一次訪問日本的情況。
或許是當時兼任翻譯的作者留有工作日記的緣故，這本書甚至相當詳細地記
敘了當時身爲代表團團長的郭沫若在非常緊張的訪問視察日程之中還特意抽
身以弟子的身份前往大學時代的恩師中山平次郎老先生家叩訪的過程及交談
內容。另外，《福岡百年（下）》〔註2〕也以「重逢清貧恩師的秘話」爲題記述
了當時中國政府要人郭沫若和中山平次郎的這段秘話；日本著名的學術刊物
之一《九大醫報》〔註3〕也出於歡迎和紀念校友郭沫若的訪日，也出了《郭沫
若先生特集號》。筆者在考察過程中得到這批重要資料，對 1955 年郭沫若的
訪日以及他和在日本名震醫學考古兩個領域的人物中山平次郎教授之間的那
段秘話有了大致的瞭解。

　　1955 年 12 月 17 日那天上午，郭沫若率領中國科學院訪日學術視察團一
行訪問了母校九州大學。由於事前經過充分的籌備和安排，九州大學組織了
以總長和各學部（系）主任爲首的歡迎委員會。接待班子陣容之龐大，對昔
日的九州帝國大學、今日的國立九州大學來說，可以說是前無古人，後無來
者。這裡面最主要的原因恐怕是九州帝大自有史以來畢業生大成爲政府要
人、尤其是像中國這樣的泱泱大國的政府要人的，郭沫若要算頭一號顯赫人
物。在與母校頭面人物的會見中，郭沫若問起中山平次郎教授的情況時，才
從當時任醫學部部長的操坦道教授口中得知這位算起來應該有 85 歲高齡的老
教授依然健在。聽說昔日的恩師年邁體弱，郭沫若便產生了登門叩訪的念頭。
由於日方安排的訪問日程非常緊張，郭沫若訪師的願望直到結束對福岡的訪
問的那一天才終於如願以償。

　　12 月 19 日上午，郭沫若率團視察參觀完畢與九州只有一關門海峽相隔的
下關市和位於北九州市的日本最著名的鋼鐵生產基地——八幡製鐵工廠以
後，自己帶上隨團翻譯跟隨專程前來迎接的九州大學醫學部操坦道部長一起
匆匆趕回福岡。郭沫若等人在操部長的帶領下來到郭沫若的自傳和自敘性小

〔註1〕 劉德有《隨郭沫若戰後訪日》，遼寧人民出版社，1988 年。
〔註2〕 日本讀賣新聞社西部本社編《福岡百年》，波速社，1967 年 4 月 24 日。
〔註3〕 《九大醫報・郭沫若先生特集號》，九大醫學部學友會雜誌，Vol.25.No.3。

說中多次出現過的福岡市西公園附近的一個叫荒戶的地方。據說年邁的中山平次郎教授一個人居住在那裡。到了才知道，中山老先生住的宅子是一幢日本式獨棟小樓。好幾家報社的記者事前得到消息早就等候在老先生的宅門外。

1955 年訪日時，郭沫若是中國科學院訪日學術視察團團長。在新中國成立後不久的 1955 年應邀訪日，必然肩負著向日本宣傳社會主義中國新體制的重要政治使命。由於受到特殊身份的制約，郭沫若在任何公開場合都不得不通過翻譯講話，即便他的日語講得和日本人幾乎無甚差別。然而，訪問中山教授時翻譯只按吩咐專心做筆錄，整個會見自始至終都是用日語在交談。

來到中山平次郎家時，老教授病臥在榻榻米上。聽人說起自己幾十年前教過的中國留學生弟子今日在中國成了大名鼎鼎的國家領導人時倒也沒有做出什麼特別的反應，但一聽說這位弟子專程來訪，老教授未免有點按耐不住激動的心情，忍不住要起來到寬敞一些的客廳待客。郭沫若見狀急忙加以制止，懇請中山老教授躺著說話。一位恩師，一位弟子，經過介紹後，彼此緊緊握住對方的雙手，對視端詳良久，才聽得中山開口說：「嗨，果然是郭開貞嘛！太好了，太好了！」郭沫若雖然知道眼前的老人就是過去親自教過自己的中山平次郎教授，但歲月的流逝加上長期病臥不起，面前老人的面容已經不大容易和記憶中的恩師容貌相重合了。

中山老先生起居的房間很窄，置放的傢具也非常簡單。除了放一張小書桌和鋪被子的地方，其它全是和堆滿書籍和出土文物收藏品的書架。幾個客人加上三四名新聞記者已經擁擠得轉不過身來。郭沫若低聲地、語調平緩地和中山老先生交談，始終保持著在老師面前一個學生應有的恭敬謙虛的姿態。考古學可以說是他們共通的興趣所在，交談的話題自然集中在這方面。中山先生讓弟子郭沫若觀賞了自己多年來收藏的一部分文物。見郭沫若仔細品看著據說是從博多一帶出土的、被中山先生視為「三大珍品」的古代銅鏡和玉器。老先生說，「這些都是中國古代的東西，恐怕中國也沒有吧。不管怎麼說，日本文化有今天的繁榮，全都是託中國的福啊！」

預定的一個小時轉瞬間就過去了。為了不影響代表團的日程安排，郭沫若不得不和恩師依依告別。

如果這段插曲僅僅到此為止，那麼我們可以在劉德有先生撰寫的回憶錄《隨郭沫若戰後訪日》一書中讀到內容相近的描述。然而，筆者在前面所說

那是「一樁感人的故事」，指的是以下這段感人的佳話。這件事一直不爲世人所知，直至長沼賢海和檜垣元吉二人聯名撰寫的紀實文學《重逢清貧恩師的秘話》出現在《福岡百年（下）》這本書中才開始在日本學界傳開。這篇文章的執筆人是兩位學者，而且都是九州大學的教授，所以從文章的可靠性上講，筆者認爲毋庸置疑。由於篇幅的關係，下面只簡要地摘出這篇紀實文學的概要。

郭沫若（開貞），這位昔日九州帝國大學醫學部畢業的留學生，這位曾經攜妻帶幼亡命日本十年的革命家，於 1955 年 12 月 16 日至 19 日訪問福岡之際，受到了他的母校師生及福岡市民的熱烈歡迎。郭沫若自 1937 年盧溝橋事變爆發之前躲過特高科警察的監視，秘密逃離日本。18 年後以中國科學院訪日學術視察團團長的身份重訪舊地博多，這位當代英雄不僅在西南學院大學舉行的福岡市民公開講演會上高談闊論中日兩國自古以來的文化交往，還在母校醫學部的大禮堂當著自己的恩師和後輩的面表達了對母校、對師長的感謝之情。在福岡逗留期間，郭沫若還親自登門拜訪了從他進入九州帝國大學時起就手把手地教他病理學的恩師中山平次郎。在教授的家中見到這位已退休在家多年體弱病多的恩師時，弟子郭沫若不僅噓長問短，見恩師的晚年生活實在清貧，還特意贈送了 5 萬日幣的現款以謝昔日諄諄教誨之恩。關於當時 5 萬日幣的購買力有人調查過，結果是 1955 年的 1 萬日幣，相當於現在的 20 萬 8000 日元。也就是說，當時 5 萬日元相當於現在的 100 萬日幣還略多一點，這在當時可以說是一筆不小的款項。這件事經過新聞媒介在福岡市民中傳爲佳話，打動了許多人的心。

其實，當時郭沫若見到的只是中山先生晚年貧困生活的極其表面的一部分。眞實的情況要比郭沫若看到的要糟糕得多。經調查得知，郭沫若拜訪的那幢私宅，其實早就被它的主人中山先生變賣掉了。寬大的二層小樓裡，只留下了一間很小的，過去一直是保姆住的房間作爲他晚年的寄身之處。當時安排中山老先生和弟子郭沫若會見的九州大學有關人士覺得讓老先生在保姆住的房間會見來自中國的政府要人實在有傷日本的體面，好說歹說總算說服了那幢房子的新主人同意把客廳借出來接待客人。要是郭沫若當時知道對自己恩重如山的老師晚年如此貧困潦倒，想必不會視若無睹。

郭沫若訪日歸國後第二年的 5 月 31 日，中山平次郎先生孤獨地離開了人世。他的遺屬在整理遺物的過程中，在放在書架上的一本精裝書籍中發現了

一個沒有啓封的牛皮紙信封，裡面是半年前郭沫若贈送的 5 萬元日幣。遺屬們爲之震驚。想起一年前郭沫若來訪時爲師的老先生是那麼樂呵呵地收下了弟子的一片心意，沒想到日子過的那麼清貧，老先生對這筆錢竟然動也沒動。這件事在當時雖然只有九州大學醫學部一部分教授知道，但即便是到了今天，仍然不失爲一樁與九州大學有關的美談（參見前圖 20）。

中山平次郎博士在日本不僅是病理學界的元老和權威，他在考古學方面淵博的學識和造詣也廣爲人知。郭沫若自留學九州帝國大學時代起就顯露出對考古學的濃厚興趣。他的大學同學、我國血吸蟲病權威錢潮博士在回憶郭沫若大學時代的情形時說過，郭沫若早在大學時代「就爲日本和國內報刊上介紹的殷墟出土文物所陶醉了。凡所見有關甲骨文照片和摹本，他從不輕易放過，有文必讀，認眞考察」〔註4〕。儘管我們現在只憑手中掌握的有限資料暫時還不能弄清郭沫若青年時代在考古學方面的興趣是否直接來自中山平次郎等日本學者的影響，但至少可以說這是一個不可忽視的重要因素。

第二節　郭沫若與內科神醫小野寺直助博士

說到郭沫若大學時代的老師，國內的研究者和讀者都比較熟悉的當屬九州帝國大學醫學部教授小野寺直助這個名字了。這裡所說的熟悉，並不指對小野寺直助這個人的瞭解，因爲郭沫若所留下的任何作品都沒有提及作者與小野寺之間的師生關係。由於資料有限，我們只能根據迄今爲止公開發表出來的郭沫若書簡以及他大學時代的同學錢潮 1979 年寫下的有關郭沫若留學日本九州帝國大學時的回憶文章去把握郭沫若在校期間的師生關係和交友情況。

錢潮在回憶文章中這樣寫道：

> 九州帝國大學醫學部在當年學術研究上是名列前茅的，教授不少是日本著名學者，如宮田教授（首先發現日本血吸蟲病，乃寓於釘螺者）、金子副教授（乙型腦炎病毒和蚊子的媒介作用的主要發現者）。特別是講授內科的小野寺直助教授，他在教課和指導實習時，對我們留學生很照顧，尤其對耳聾重聽的沫若，修改筆記，實習診

〔註 4〕錢潮：〈回憶沫若早年在日本的學習生活〉，《中國現代文藝資料叢刊》第 4 輯，上海文藝出版社，1979 年 10 月。

察，格外關切。小野寺教授時邀沫若與我上他家作客。他很喜藏古
董，中國的古陶瓷器也不少。他説：日本的文化深受中國影響，中
國對日本是很有幫助的。他講到留學德國時，德國對他種族歧視，
看不起日本學生；他要糾正這種傾向，所以特別親近中國留學生。

以上錢潮的回憶，爲我們提供了一些郭沫若留學九州帝國大學醫學部期
間有關教授方面情況，這些情況在郭沫若的自傳《創造十年》中都沒有提
到。其中，小野寺教授等日本教授對中國留學生的特殊關懷讓留學生們在日
本大正年歧視支那、歧視支那人的集團意識充斥整個日本各個階層的文化大
背景中除了滿腹怨氣之外，還感受到了另一種超越了國家和民族的師長和
學界前輩的關愛和溫暖。事實上，小野寺教授也不是只對郭沫若一個人特別
關照，我們從錢潮的回憶中知道，他對自己所指導的每一個中國留學生都是
同樣的親切。

其實，在對待中國留學生的問題上，和內科教室的小野寺教授持有同樣
或類似想法的教授在當時的醫學部還有好幾位。他們無論是在指導基礎課程
和臨床的學習、接受本科畢業生進入自己的研究室繼續深造方面，還是在
提拔副手時與日本學生同樣看待、以及著意培養醫學博士的問題上，都顯示
出對中國留學生的關照。他們的名字是：內科的小野寺直助教授、外科的三
宅速教授和赤岩八郎教授、病理學的中山平次郎教授和整形外科的佳田正雄
教授。

郭沫若和小野寺直助教授之間的個人來往是從 1928 年亡命日本在千葉縣
市川町須和田二六七定居後開始的。畢業離校後荏苒十年，使郭沫若有機會
以個人的名義與母校的教授開始交往的機緣是 1933 年年初從福岡寄到千葉縣
市川町須和田郭沫若家中的一封信。寫信人是收信人十年前的恩師小野寺直
助教授。

1988 年 3 月四川省郭沫若研究學會出版發行的《郭沫若學刊》第一期全
文登載了郭沫若 1933 年 1 月 12 日寫給小野寺直助教授的覆函。原始資料由
小野寺教授的女兒小野寺和子女士提供。現引用如下：

　小野寺先生惠鑒：

　　今日得奉大筍，欣喜無似。自離母校，因東奔西走，素闕箋候。
　數年來流寓貴邦，亦因種種關係，未得趨承明教，恕罪恕罪。東洋
　醫學史誠如尊言，急宜研究，然此似非一朝一夕及個人資力所能爲

者。綆短汲深，僕非其器也，奈何奈何！前在學時，側聞先生於敝
國陶磁造詣殊深，想尊藏必多逸品。又，僕近正從事《卜辭通纂》
之述作，不識九大文學部於殷墟所出龜甲獸骨有所搜藏否，其民間
藏家就先生所知者能爲介紹一二，或賜以寫眞、墨之類，不勝幸甚。
專覆即頌

　　教安

　　　　　　　　　　　　　　　　　　　郭沫若再拜

　　　　　　　　　　　　　　　　　　　正月十二日

　　舊所受教諸先生，起一一致意。

　　從以上信中，我們至少可以知道以下幾件事情。

　　在自 1923 年 3 月 31 日從九州帝國大學醫學部畢業至亡命日本期的 1933
年 1 月 12 日爲止的將近 10 年的時間裏，郭沫若和小野寺直助教授一直沒有
聯繫。郭沫若 1928 年 2 月以中將頭銜亡命日本，後來在考古學、歷史學以及
甲骨文研究等方面鑽研數年後著述豐碩，取得了讓學界爲之瞠目的研究成
果。數種專著先後在日本的出版使得史學家郭沫若的存在引起了廣泛的注
目。小野寺教授就是在這種情況下知道郭沫若也就是自己過去教過的弟子郭
開貞，並瞭解到他住在千葉縣市川町須和田的。小野寺教授得知郭沫若在日
本研究中國古代史以後，便寫信建議他研究東洋醫學史。以上這封信就是郭
沫若接到小野寺教授來信之後的答覆（參見前圖 21）。

　　郭沫若在覆函中說「僕近正從事《卜辭通纂》之述作」，實際上在執筆寫
這封覆信的前一天（1 月 11 日）《卜辭通纂》就已經完全脫稿了。在那之前，
爲了調查研究殷墟出土的甲骨獸骨，他走訪了東京大學考古學研究室、上野
博物館、東洋文庫、東京文求堂書店以及日本有名的私人收藏家。爲了某些
學術上的重大問題，他甚至專程前往京都大學文學部考古學研究室拜訪就教
於日本的中國學泰斗內藤湖南教授。小野寺先生突然的來信喚醒了郭沫若大
學時代的記憶。他回想起自己念大學的時候曾經在小野寺教授家中參觀過先
生私人出於愛好收藏的中國古代陶瓷器。說不定九州帝國大學文學部研究室
保存有他尚未見過的殷墟出土的甲骨獸骨，或許在像中山平次郎老先生那樣
喜好收藏出土文物的私人藏家手中會有意外的發現。可以說，郭沫若的回信
一是出於禮貌，二是爲了想通過恩師小野寺瞭解一下九州的殷墟出土文物的
收藏情況。

　　天津人民出版社 1992 年 10 月第一版《郭沫若年譜》（上中下 3 卷，龔濟民、方仁念共著）輯 1933 年（昭和 8 年）10 月 29 日和 11 月 1 日兩項內容中，涉及到了小野寺直助先生的情況。

　　＜應友人松永夫婦邀，往柳潮莊玩了一天。與松永夫人談到小野寺直助的近況，感到非常親切。＞

　　＜寫信致小野寺直助，訴述自己傳染給安娜的淋病已經越發嚴重，懇請介紹信得過的東京或千葉的婦科醫生給予治療。原跡為日文，郵戳日期為 10 月 31 日。此據作者自署月日。現存小野寺和子處。＞

　　在這裡，有些國內不大為人知道的事情有必要說明一下。前文中提到的松永夫婦，指的是當時在日本被稱為「電力魔王」的著名實業家松永安衛門和他的夫人。郭沫若亡命日本期間安永夫婦慕名與郭沫若來往並逐漸成為郭沫若比較親近的朋友。小野寺和子是小野寺直助教授之女，現居福岡市。前述 1933 年 1 月 12 日和同年 11 月 1 日致小野寺直助的兩封書信是我們迄今為止所發現的郭沫若寫給小野寺先生的唯一的兩封信件。前者用中文，後者用日文寫成。據說這兩封信的原本複印件提供者都是小野寺和子女士（龔濟民《郭沫若與小野寺》，1988 年第 1 期《郭沫若學刊》）。這兩封信的原本複印件自 1986 年 9 月 27 日由小野寺和子女士提供給中國國內的學者以後，不知何故，我們只在那以後由黃淳浩編輯出版的《郭沫若書信集》〔註5〕中讀到了用中文寫的那一封。至於用日文寫的後一封信，除了在前述《郭沫若年譜》中略為有所提及以外，該信的內容全貌至今尚未公開，至少說筆者未見。

　　筆者有幸通過小野寺直助的外孫小野寺龍太郎先生與小野寺和子女士取得聯繫，並獲得的上述兩封信的複印件。既然該信中的大致內容早在 12 年前在《郭沫若年譜》上就已經有所披露，而《郭沫若年譜》又是在郭沫若的遺屬的大力支持下編寫成功的，那麼筆者出於研究的目的在此公開該信的全貌想必不應遭到非議。

　　以下便是郭沫若於 1933 年 11 月 1 日用日文寫給大學時代的恩師小野寺直助教授的信。原文用毛筆寫成，現如下錄出。

　　　　拜啓　長く御無沙汰致しました。秋高氣爽の候、御清祥萬福
　　御拜察致します。先日の日曜（二十四日）、松永安左衛門氏に招待

〔註 5〕黃淳浩編《郭沫若書信集》上，中國社會科學出版社，1992 年 12 月。

され、柳瀬山荘に一日清遊を致し、松永夫人にも面晤致し近々と
先生の御話を致しましたので無上の親しみを感じました。今度東
京へ御出での節、是非拝顔の機會を賜ってくださいます様に今よ
り楽しみにして御待ちいたして居ります。

　　さて、御話申し上げるにも誠に慚愧萬分悔恨の至りで御座い
ますが、本年三月の末頃ある一時の悪戯に不潔の行爲を唯の一度
致し、氣が付かない間に、Gonnhoe（Gonorrhöe——筆者）を感染
いたしました（何等顕著な外表がなく知らずに打棄ておきました
が）その間に家内にも感染させ、彼女は長く我慢して居りました
が近々病勢が募りましたので、病徴も顕著に表してきました。今
朝初めて自ら検尿しましたが、菌絲様なものが多量に含まれて居
ります。今になって初めて驚愕を感じ、まったく途方に暮れて仕
舞いました。自分は自業自得ですが、家内には誠に済みませぬ。
一日も早く徹底的な治療を施して遣りたく存じて居ります。差當
地方の婦人科の先生に見てもらうことに致しますが、信頼すべき
醫師に託したく思って居ります。先生、東京や千葉に先生の御知
友で婦人科の方が御座れば、紹介して戴ければ誠に恩德無量、山
海の感を永遠に感戴致します。亡命の身重一切不自由の上にかう
言ふ不德に由て招來した災難をもって御清聴を奉援致し、併せて
御寛恕を願ひます。亂筆御判読を願ひます。

　　小野寺直助先生

十一月一日

郭沫若頓首

現將以上書信内容大意譯出。

　　拜啓小野寺直助先生：

　　恕學生久疏問候。秋高氣爽之際，想必先生清祥萬福。前周日
（24日）承蒙松永左衛門之邀前往柳瀬山莊開遊一日，得以面晤松
永夫人並話及先生，使學生甚感親切。今後若來東京，務必賜學生
以叩拜之機會。學生將於寒舍靜候大駕光臨。

　　今致信先生，實有難言之隱相告。爲此學生至今慚愧悔恨不已。
今年三月末，由於學生一時行爲不檢點所致，不知不覺染上了淋病

（外表並無明顯症狀因而沒有特別在意），不久又傳染給了內子。她忍耐了較長一段時間，近日病情加重，病症亦明顯表露出來。今晨學生自己驗了小便，發現其中大量含有菌絲樣狀物，才感到驚愕和束手無策。學生自己咎由自取，然而卻害苦了內子。爲了早日根治，學生先請當地的婦科醫生給予診斷，但還是希望將內子拜託給一位可靠的醫生治療。先生如在東京和千葉一帶有熟悉的婦科醫生，請務必介紹給學生。學生將感恩不盡。亡命之身，諸多不便。加之此災難本由學生之不德引起。在此學生願洗耳恭聽先生教誨並肯求寬恕。字跡潦草，敬請判讀。

十一月一日

郭沫若頓首

根據筆者所掌握的小野寺直助簡歷，此人畢業於九州帝國大學的前身——京都帝國大學福岡醫科大學，在校期間成績出類拔萃，曾被選拔爲優等畢業生並榮獲文部省表彰。大學畢業後，小野寺任九州帝國大學醫學部助教直至1916年10月留德歸來。衣錦還鄉的小野寺很快就連跳講師和副教授兩級晉升爲內科學第三講座的正教授。郭沫若入學半年後，小野寺獲得了醫學博士學位。在後來的日子裏，小野寺教授先後出任過九州帝國大學醫學部部長和九州大學附屬醫院院長之職。1943年5月30日退休以後，曾以九州帝國大學名譽教授的名義活躍於日本各地，1968年去世。

1957年5月，小野寺直助先生作爲日本福岡訪華團團員的身份前往北京進行友好訪問。在那裡，他得到了弟子郭沫若的會見。

郭沫若在同年6月1日致大學同學錢潮（君胥）博士的信中寫道：「小野寺先生已來過，現已回去了。在滬時不曾相見嗎？」〔註6〕

當福岡訪華團訪問上海時，錢潮從郭沫若那兒得到信息後曾專程趕到飯店去會見恩師。據錢潮回憶說，在上海的飯店見到老師時，小野寺先生對郭沫若這個大學時代就喜好弄文學的弟子讚不絕口。他在錢潮面前說，郭沫若若不是耳朵不靈，只要在醫學方面繼續深造，其成就絕對不會比他在文學和史學上的貢獻遜色。郭沫若能夠成爲中國文學和史學兩方面的巨擘，他作爲師長由衷地感到自豪。這不僅是母校九州大學的榮譽，同時也是他這樣的教師的榮譽。

〔註6〕同注5，第624頁。

第三節　郭沫若與天才生物學家石原誠博士

1938 年 1 月上海北新書局出版的《創造十年續編》第二章裡有以下文字。

> 我自己對於生物學本是很感興趣的人。福岡的九州大學的生物學教授石原博士又是我所敬愛的一位學者，我聽過他的生理學總論、遺傳學、內分泌學等的講義，相當地引起了我對於那些學問的嚮往。我和博士的個人的接觸雖然不曾有過，但他對於我的印象卻頗像一位深通禪理的高僧。矮小而瘦削的他，在演講時總是把眼睛閉著的，讓那頗有澀味的聲音不急不徐地流出。生理學總論是醫科學生第一年所必修的科目，他在最後的一點鐘上曾經離開了講義說到自己的私生活上來。他說：近時的學生好美食美衣，食事愛在「卡羅里」（熱量）的多少上關心，但他自己是一位菜食主義者，已經素食了多年，然而精神也不見減衰。關於菜食的生理學上的根據，博士沒有說出，但他那簡單的幾句話，對於我卻留下了深刻的印象。我自己早就有志研究生理學，很想以石原博士為師，把自己的一生作為對於自然科學的奉仕。

關於九州帝國大學留學時期的恩師，郭沫若留下的文字中提及石原誠這個人物的最多。在郭沫若留學於九州帝國大學醫學部的 4 年零 7 個月裏，石原誠博士一直擔任生物學講座的主任教授。說起大正時期九州帝國大學醫學部的石原博士，與其說他是一位非常優秀的大學教師，毋寧說他是一名天才研究家更恰當。他在《關於生物之間近親程度的血清學研究》、《淡水魚的雜交實驗》以及《心臟刺激傳遞系統的功能》等方面的研究成果不僅得到日本文部省的多年資助，而且代表著日本生物學界科研的最高水準。

在自傳裡郭沫若雖然說自己和石原「博士的個人的接觸雖然不曾有過」，但他之所以喜歡上石原博士擔任的生物學總論、遺傳學以及內分泌學等課程，最重要的原因就是他「對於社會科學的要求」的覺醒。他認為，「當時耳濡目染地所得來的一些關於歷史唯物論的學理，覺得有好些地方和生物學有甚深的姻緣。例如社會形態的蛻變說似乎便是從生物學的現象蛻化出來的」（《創造十年續編》）。應該說大學時代石原誠博士所主持的生物學的幾門理論課程對郭沫若日後的多門學問融會貫通是有所啟發的。然而不幸的是郭沫若1923 年 3 月末通過學士資格考試大學畢業後因為成績一般而沒有獲得作為國

費留學生繼續深造的機會（主要原因是沒有申請到經費）。大學畢業時，郭沫若把自己大學畢業比喻成「十年的有期徒刑已滿」，把自己求學的日本詛咒爲「新式的一座文明監獄」，將「文人、學者、教徒、藝術家」視爲「無期徒刑囚的看守人」。過去我們往往只知道郭沫若的這一面，而不大瞭解在當時他歸心似箭的表層心態背後，實際上存在著「早就有志研究生理學，很想以石原博士爲師，把自己的一生作爲對於自然科學的奉仕」的深層心態。

既然如此，我們不禁要問，他爲什麼沒能像另幾位醫學部的中國留學生那樣畢業後留在教授的研究室在自己喜歡的專業方面繼續深造呢？

關於這個問題，其實前面有關郭沫若大學在校期間學習情況的考察結果就已經作出了回答。原因很簡單，其它幾位中國留學生之所以能夠在大學畢業後留校繼續從事研究（用現在的話說就是考入研究生院攻讀醫學博士），是因爲他們在校期間優異的學習成績和在醫學方面的才華得到了教授的認可。而郭沫若由於 1920 年後基本上無心鑽研醫學，好不容易才將大學「搞」畢業，所以說單憑他的成績就不具備留校繼續深造的資格。

1924 年 2 月，郭沫若先讓妻子和兒女們回到福岡，兩個月以後自己也重新返回他一年前結束大學生活時曾經詛咒爲「新式的一座文明監獄」的日本。這時候，他的心中再度燃起曾經想過但沒能實現的跟隨石原誠博士從事生理學研究的願望，赴東京中國留學生管理處申請國費資助。然而，最終他的申請沒有被批准。

由於缺乏史料的支撐，筆者在此只能簡單推測，當年郭沫若專程赴東京中國留學生管理處提交了希望進入九州大學醫學部石原研究室讀博的官費申請，而該部門審查判斷同意資助與否的最直接的依據有四份材料。第一是大學本科畢業證書。第二是學士學位證書。第三是醫學部本科所修各門課程的成績單。第四是希望深造的理由書。前兩份屬於文憑類，只用於證明申請人的學歷和資質，申請理由只作爲審查時的參考，是否值得發放官費資助深造直至獲得博士學位，最重要的判斷材料其實就是一份材料，即本科成績單。既然郭沫若申請被駁回，只能說明他的大學本科成績沒有達到要求。

大學畢業後在上海的貧困生活加上自己在文壇上屢遭不遇，郭沫若變得非常現實。他知道走學者這條人生道路，必須「要有物質條件來做背景」，「自己的乃至一家人的生活全無保障，結局只是一張畫餅而已」。換句話說，對當時的郭沫若來說，失去了國費生的資格也就意味著渴望從事生理學研究的理

想的徹底幻滅。不難想像 1924 年郭沫若放棄國內文壇重返日本時的心情該有多麼矛盾重重。

第四節　郭沫若與好友陶晶孫的文學交往

陶晶孫本名熾，字晶孫，係 1919 年 9 月由日本東京第一高等學校畢業升入九州帝國大學醫學部的中國留學生。筆者近年在考察郭沫若留學情況之際意外發現了陶晶孫當年親筆填寫的大學入學志願書和履歷表。現首次將原件摘出公開如下，與學界共享。

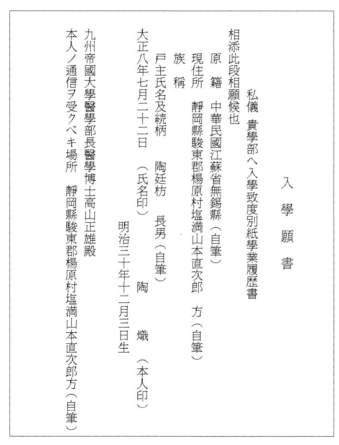

入　學　願　書

私儀　貴學部ヘ入學致度別紙學業履歷書相添此段相願候也

原　籍　中華民國江蘇省無錫縣（自筆）

現住所　靜岡縣駿東郡楊原村塩滿山本直次郎　方（自筆）

族　稱

戶主氏名及續柄　陶廷枋　長男（自筆）

大正八年七月二十二日　（氏名印）　陶　熾（本人印）

明治三十年十二月三日生

九州帝國大學醫學部長醫學博士高山正雄殿

本人ノ通信ヲ受クベキ場所　靜岡縣駿東郡楊原村塩滿山本直次郎方（自筆）

（備註：根據九州帝國大學『大正八年醫學部入學願書』製作）

（備註：履歷表原本由陶晶孫本人親筆填寫在無格式的白紙上）

　　細心的讀者一定會發現，以上兩份陶晶孫於 1919 年親筆填寫的大學入學自願書和履歷表中的記載內容與過去有關陶晶孫傳記研究使用得最多的資料《陶晶孫小傳》（陶瀛孫、陶乃煌合編）〔註 7〕有所不同。特別是有關出生年月日和小學學歷等方面的記載，可以說比過去公開發表出來的任何二手資料都要翔實可靠。

　　如以上原始資料所示，陶晶孫自小學就已到日本念書。從他的學歷上看，從東京府立第一中學考入日本第一高等學校，然後再升入九州帝國大學醫學部，他走的可謂一條高材生的道路。首先，我們可以在九州帝國大學醫學部 1919 年度入學新生名簿上找到陶熾這個中國留學生的名字。入學以後，由於日本的帝國大學學年學期的變更，陶晶孫實際上只用了 3 年零 7 個月就完成了大學本科 4 年的課程。1923 年 3 月 31 日，陶晶孫和郭沫若一起拿到醫學學士學位，並從九州帝國大學畢業。一年前的夏天，他應郭沫若夫婦的邀請搬進座落在箱崎海岸的抱洋閣裡同住。陶晶孫不像郭沫若，由於官費一個人用，

〔註 7〕　〈陶晶孫小傳〉，《新文學史料》1992 年第 4 期。

生活可謂相當寬裕。搬進抱洋閣裡住的時候，他甚至連鋼琴和留聲機也都搬了進去。

　　在抱洋閣裡，陶晶孫有緣與郭沫若的日本妻子佐藤富子的胞妹佐藤操相遇（向陶晶孫發出邀請的是佐藤富子，很有可能是她在暗中搭橋牽線）。二人一見鍾情，很快就墮入了愛河。在福岡留學期間，陶晶孫單身一人，就住在離郭沫若家不遠的地方。畢業後的第二天，他和郭沫若分道揚鑣。郭沫若歸心似箭，帶了家眷即刻回國，而陶晶孫卻另有歸宿。因為日本東北帝國大學理學部研究室（研究生院）已經同意接受這位在醫學研究上才華橫溢的中國留學生提出的深造申請。1923 年 4 月 1 日，他登上了開往日本東北大城市仙臺的火車。在那座離九州有近一千五百公里之遙的雪國都市裡，有他日夜思念的戀人在翹首等待他的到達。到了仙臺東北帝國大學以後，陶晶孫在著名的藤田敏彥教授的指導下專攻音響生理學。

　　說起陶晶孫和郭沫若，上面提到既是先後一年入學的大學同學，又是連襟。那麼他們在九州帝國大學留學期間又有些什麼樣的交往呢？在創造社同仁中，陶晶孫的地位和名氣雖然遠遠不及郭沫若，但他除了是一名出色的醫生以外，同時還是自然科學研究者、大學教授，而且在中國現代文學史上佔有一席特殊的地位。我們從他的履歷可以知道他是從大學時代開始從事文學活動的。下面讓我們來考察他和郭沫若在這方面的關係。

一、《湘累之歌六曲》──《創造》第二期版面橫排的契機

　　1922 年 7 月 2 日，郭沫若為了從事同人文學刊物《創造》季刊第 1 卷第 2 期的編輯工作由福岡返回上海。在這之前他和他的家人已經把家搬進了依博多灣箱崎海岸而建的抱洋閣（參見前圖 22、23）。這種說法在時間上要比過去的 9 月搬入抱洋閣的說法（見龔濟民、方念仁合編《郭沫若年譜 1892～1978》1922 年 9 月項內容）早 3 個多月。筆者堅持新的說法其實另有依據。陶晶孫在郭沫若回上海之前就已搬進了抱洋閣和郭沫若一家同居一樓。在那裡，他用自己攢錢買下的鋼琴譜曲創作出了奉獻給他所敬重的日本女性──佐藤富子的《湘累之歌》。郭沫若非常欣賞陶晶孫的音樂作品，將它帶回國編進了 8 月在上海發行的《創造》季刊第 1 卷第 2 期。

　　所謂《湘累之歌》，即陶晶孫為郭沫若的劇作《湘累》中的 6 首詩歌所譜寫的《湘累之歌六曲》。郭沫若將譜寫在五線譜上的《湘累之歌六曲》和陶晶孫畫的幾張木版畫一起帶到上海準備編入將要出版發行的《創造》季刊，沒

想到遇到了難題。《湘累之歌六曲》橫寫在五線譜上，而雜誌一直都是豎排，
怎麼也不協調。煩惱之餘，郭沫若出於對《湘累之歌六曲》的不忍割愛，決
定將《創造》季刊第 1 卷第 2 期（1922 年 8 月 25 日出版發行）全部改爲橫排。
陶晶孫本人在回憶當時的情形時寫道：「現在第二期有很多進步，我有一個小
小高興，其實那不值錢，重要的是中國文藝雜誌成爲橫寫的是以這第二期爲
初次」〔註 8〕。

　　1922 年 9 月郭沫若從上海返回福岡以後，不知怎地，與他們同居在抱洋
閣裡的陶晶孫突然搬了出去。原來，陶晶孫暑假期間在抱洋閣附近的松林裏
自己建造了一間不到 7 平方米的簡陋小木屋。一張床、一張書桌、一把椅子、
一架鋼琴外加一臺勝利牌留聲機就已經塞滿了小屋。和陶晶孫一同居住的夥
伴是他從大學實驗室要來的一條小母狗，主人給它起名叫烏娜（拉丁語名爲
Una）。郭沫若在 1922 年 9 月 12 日致郁達夫的信中提到，陶晶孫還在這間小
屋的門楣上掛著一塊用拉丁文字寫著：「這是一個名叫芹賽尼・塔維奇的女孩
子的家（Hicest parvr domus Czynsaini Tawitchi）」的木牌。至於那條小狗烏娜，
據陶晶孫的文章《養狗的故事》（前引《陶晶孫選集》，第 352 頁）回憶，在
主人大學畢業前因難產而死。主人將它的屍體用自己嶄新的大學生制服包裹
著掩埋在松林裏，並用拉丁文寫了悼辭。陶晶孫大學在校期間這種與眾不同
的行爲乖僻的生活方式當時頗爲引人注目。後來有他大學的日本同學回憶
說，「陶熾君性格乖戾，行爲每出常軌，留下了不少逸話」〔註 9〕。

二、郭沫若與陶晶孫的小說成名作《木犀》

　　陶晶孫曾經應日本作家豐島與志雄之邀以「創造三年」爲題寫過一篇回
憶文章，其中談到進入九州帝國大學醫學部之後與比自己高一年級的郭沫若
結識的經過。他這樣寫道：

> 　　原來我到福岡，比沫若遲一年，不久有個同學，他說我們此地
> 有一個特別人物，也和你一樣，有點古怪的，現在我來介紹你。從
> 此我初次見沫若，（中略）有一次，沫若見我的桌上有一段小說，要
> 拿去，結果給他拿去了，後來他說，他不敢開口，如果開口，不得
> 不用贊辭，用贊辭，好像說客氣話來捧人的樣子。所以我加入同人，

〔註 8〕丁景唐編選：《陶晶孫選集》，人民文學出版社，1995 年 5 月，第 241 頁。
〔註 9〕瀬尾愛三郎：〈回憶中國留學生〉，《九大醫報》Vol.25.No.3。

怕是在《創造》發刊的前夜了。〔註10〕

　　陶晶孫所說的「一段小說」，指的就是他的成名作《木犀》（一篇最初用日文創作的戀愛小說）。木犀即桂花樹。小說的故事情節非常簡單，寫的是在位於九州某鄉鎮的某大學學醫的大學生主人公一天突然聞到一縷不知何處飄來的桂花馨香，回憶起自己初中時代和教英語的 Toshiko 老師之間的一段戀愛故事。這篇小說最早用法文題為《Croire en destinée（相信命運）》。《木犀》最初發表在《創造》季刊第 1 卷第 3 期上，擔任編輯的郭沫若專門為這篇作品寫的《附白》，披露了他發掘出這篇清純作品的過程。郭沫若提到最早是由於他看中了這篇小說，鼓勵陶晶孫將它譯為中文並建議把小說名改為《木犀》的。據說陶晶孫將它譯成中文後儘管並未傷及作品的「根本的美」，但覺得卻比原來的日文大為遜色了。只要我們注意一下陶晶孫早期的小說和散文隨筆，就會知道他的中文行文的確不大順暢，當然更不能和郭沫若郁達夫張資平成仿吾等文學（尤其是古詩文）修養本來就相當不錯的人同日而語了。至於陶晶孫的日文水平究竟怎樣，只要懂日文的人讀一下他的日文版作品集《留給日本的遺書》，就會知道他駕馭日文的能力非同凡響。也許是由於把日文翻譯成中文比較吃力而耽擱了不少時間的緣故，《木犀》這篇處女作的問世反而比陶晶孫創作的第二篇作品《黑衣人》（《創造》第 1 卷第 2 期）要遲。《黑衣人》是一篇類似獨幕劇的短篇作品，敘述的是作者陶晶孫的出生之地無錫太湖之畔的一座別墅裏，留日歸國的主人公瘋狂後先殺死了自己的親生兄弟然後自戕的情節單一的虛構故事。陶晶孫這個人性格十分內秀，受郭沫若影響開始對文學發生興趣。初試寫作時總是不好意思拿給別人看，更沒有想過能夠在正式出版發行的雜誌上發表出來。《黑衣人》和處女作小說《木犀》一樣，也是被郭沫若看見後說是喜歡硬拿去發表的。

　　創造社出版部 1927 年出版陶晶孫的《音樂會小曲》時，作者為此寫了「於刊行之際」。文章裡的「代序」言及作者自己於 1922 年大學留學期間在郭沫若的激勵之下開始從事文學活動的情況。陶晶孫這樣寫道：

　　　　利用這機會，我要感謝愛牟兄，他和我同在福岡的時候，他的
　　鼓舞使我有意把我的用日文寫的稿件譯出為中文，初幾篇如《木犀》
　　《黑衣人》等，全賴他的助力方能譯出的〔註11〕。

〔註10〕同註8，第 257～258 頁。
〔註11〕同註8，第 163 頁。

通過以上例舉的幾件小事，我們可以看出陶晶孫這樣一位醫學方面的才子當年是在郭沫若的帶引下走上文學道路的。儘管陶晶孫寫的東西顯示出作者的性格非常清高孤傲，但在受郭沫若影響這一點上，他從來不予否認。

三、一本無人見過的神秘刊物《Green》

《Green》究竟是一本什麼樣的刊物？如果說它是一本同人文藝雜誌，那麼又有哪些同人？這本雜誌究竟是何時創刊，刊登過什麼樣的文藝作品呢？關於《Green》這本刊物的事，郭沫若在《創造十年》中隻字未提。據筆者所知，《Green》的原本已經完全消失了蹤影，故登載作品的目錄至今無從得知。另外，過去的創造社研究資料中也沒有任何書籍或文章論及過郭沫若和《Green》的關係。筆者所知道的涉及《Green》的資料只有兩項。它顯示出郭沫若大學時代的交友關係和文學活動的一部分事實，儘管這些資料多少顯得有點零散不全，筆者認爲也有在此提及的必要。

兩項有關資料如下：

（一）郭沫若 1922 年 9 月 20 日寫於福岡的《「木犀」附白》（《創造》第 1 卷第 3 期刊載）。

（二）陶晶孫 1927 年 5 月 20 日寫於東京的《「音樂會」書後》（1941 年出版《晶孫全集》第一集未錄。人民文學出版社 1995 年 5 月第 1 版《陶晶孫選集》《小說編附錄》）。

在這裡讓我們先看資料（一）。

> 我們在日本由幾個朋友組織過一種小小的同人雜誌，名叫《Green》，同人是郁達夫，何畏，徐祖正，劉懪元，晶孫和我。晶孫這篇小說，便是《Green》第二期中的作品，原名叫《Croire en destinee（相信命運。）》原文本是日本文，我因爲愛讀此篇，所以我慫恿他把它譯成中文，改題爲《木犀》」（以下與本題無甚關係，略去）。

資料（二）是《Green》同人何畏寫給陶晶孫的兩封信。該信的原件據稱用日文寫成（原本未見），筆者見到的是被陶晶孫譯成中文引用在《「音樂會」書後》的那一部分內容。先引出如下：

> （第一封信）這篇因爲是創刊，所以我也很慎重地做。但是仍然沒有能夠做得充分。時日也還延了，稿是劉君的沒有拿到，他近

來很忙，他自己說過，把煩亂的心緒從事藝術是痛苦，下次必定要拿到他的稿件，我會負責任的。下期的稿請於月底前交我。

這塔的工事多靠晶孫兄的唱號——那是大家都曉得的，不過爲紀念而志在這裏。

這春天晶孫君上這煩惱的都會來，從種種意味講是很多可感謝的，這雖然是不必說的話，此刻因爲想說了，索性說落它。

我們從此努力吧，這事業對我是極快活的事，我要把極熱烈的期待看一年後這塔的高度，必是美麗得很啊——想到這裡我的心臟在跳起來了，怎樣可喜的話！努力是怎樣好的事體！

（第二封信）我叫《Green》流產了，不是說我強叫它流產的。Typist 因爲我和沫若的稿太難而不會打，所以作極抱歉的面龐——是的，我也感謝她的可憐的好意。No No，覺對不起——她又不像拒絕的拒絕續印了。沫若的只印出了兩張，所以我付了四毫之後，連原稿一併拿來了。她辭退那四毫是不必說——她和她的愛人同借住在一個握齦弄中酒鋪的階段下的小房間裏，不住地打 Type-writer 而生活的她——我看她的那種生活，我不願意再把我們的東西來使她的生活無聊了，我也算是 Petit bourgeois，那也罷了——（以下失去）〔註12〕。

讀以上兩封信，我們只能把握它們的大意。到 1927 年爲止，陶晶孫還不能隨意駕馭漢語寫作，或者說只能運用生硬的直譯式的漢語這一點，憑此可以略見一斑。然而，通過對以上兩封信的整理，我們可以得知以下情況。

第一，《Green》是一份人工打印的「小型同人雜誌」。

第二，《Green》有郁達夫（東京帝大）、何畏（東京帝大）、徐祖正（東京帝大）、劉憻元（九州帝大）、陶晶孫（九州帝大）及郭沫若（九州帝大）6 位同人。

第三，《Green》的同人們視辦刊物爲「建塔的事業」，而首倡這項事業的是陶晶孫，擔任責任編輯的是在東京大學留學的何畏。

第四，《Green》只出過兩期。停刊的直接誘因是雇傭的女打字員打不了郭沫若和何畏二人內容艱深的稿件而辭退。

第五，《Green》創刊號刊載了除了劉憻元以外五位同人的作品。（這些作

〔註12〕同注8，第 163～164 頁。

品尚有待發現）

第六，陶晶孫的短篇小說《木犀》在《創造》季刊第 1 卷第 3 期正式刊出以前，曾以《Croire en destinée（相信命運）》為題用日文登載在《Green》第 2 期上。

根據以上僅有的資料，我們可以對郭沫若、陶晶孫等人和雜誌《Green》的關係做一個大致的把握，即《Green》是 1921 年在數所日本帝國大學留學學的 6 名中國留學生創辦的小型同人文藝雜誌。雜誌雖然是根據陶晶孫的提倡而創刊的，但實際上從事具體編輯工作的只有東京帝大的何畏獨自一人。從這本刊物登載有中日兩種文字的作品這一點看來，它不大可能像《創造》季刊那樣在國內公開出版發行，故從它的性質上講，應該算是在日部分留學生相互傳閱的非賣品文藝雜誌。另外，從《創造》季刊正式創刊之前，郭沫若、郁達夫、陶晶孫、何畏以及徐祖正等早期創造社同人都在《Green》上發表過作品這一點來看，《Green》在創造社真正的機關雜誌《創造》正式創刊之前，事實上起到了文藝實驗舞臺的作用。

第五節　郭沫若與九州帝大醫學部同窗才子錢潮

郭沫若在《創造十年》第 6 章中寫道：

> 《茵夢湖》的共譯者錢君胥是我的同學，那小說的初稿是他譯成的。他對於五四以後的中國的新體文沒有經驗，他的初譯是採用舊時的平話小說體的筆調，譯成了一種解說的體裁，失掉了原作的風格。因此我便全盤給他改譯了，我用的是直譯體，有些地方因為遷就初譯的原故，有時也流於意譯，但那全書的格調我覺得並沒有損壞。我能夠把那篇小說該譯出來，要多謝我遊過西湖的那一段經驗，我是靠著我自己在西湖所感受的情緒，把那茵夢湖的情趣再現了出來。

郭沫若在此所說的《茵夢湖》，指的是德國作家施托姆（T. W. Storm，1817～1888）的著名作品《Immensee》。據原譯者錢潮（君胥）回憶，他在 1919 年剛將此作品譯好時就曾懇請平素好弄文學的同期同學郭沫若幫忙修改潤飾過。「書中的詩句經他修飾，作了押韻，既忠於原著，又切合現俗，顯得好多了」（錢潮《回憶沫若早年在日本的學習生活》）。而郭沫若卻「深怕未盡人意」，

因而就決定暫時不出版。

　　我們根據錢潮的回憶得知，當時致使他翻譯德國作家施托姆的名作《茵夢湖》的最直接的原因倒不是由於國內五四新文化運動的影響，而主要是「郭沫若的慫恿、影響」。錢潮雖然花了幾個月時間將這部反映自由平等和博愛精神的十九世紀的愛情故事譯成了中文，但最終還是覺得自己的文學修養不夠而請「住在附近的郭沫若」幫忙。郭沫若最初參照博多灣的自然對錢潮的試譯進行了修改，結果還是感覺不滿意而沒有拿去出版。然而郭沫若對這篇作品的改譯並沒有放棄，當他 1921 年中途回國遊覽了西湖風光以後，他再度提筆改譯《茵夢湖》而最終定稿。交給泰東圖書局出版的時候，郭沫若按照原譯者錢潮的要求在書的扉頁上署上了「郭沫若、錢君胥共譯」的字樣。1922年 5 月，郭沫若對《茵夢湖》郭錢中譯本第六次增印本進行了再次修改。當大學畢業後進入九州帝國大學醫學部內科小野寺直助研究室繼續深造的錢潮看到最新增印的《茵夢湖》已經和當初自己所譯的原稿面目全非時，就找到郭沫若要求從共譯者的名字中刪掉他的姓名。而郭沫若回答說，「初稿是你譯的，應該寫上你的名字」。1979 年錢潮回憶起青年時代與郭沫若的友情時不勝感慨。

　　這段有關郭沫若大學時期的插曲，至少從交友關係這個方面反映出青年時代郭沫若的為人。另一位大學同期日本同學瀨尾愛三郎在回憶錄中寫過「大正 8 年（1919）入學的班上有一個姓陶的中國留學生秀才。郭君由於性格方面的關係與這個陶君比較要好，而跟夏鼎禹、余霖和錢潮三君不大親近（《憶中國留學生》）」這樣的話。看來，這位日本同學似乎只看到了大學時代郭沫若交友關係的某一個側面。

　　其實，並不是只有從前面提到的學生時代的插曲才能感受到郭沫若性格上的謙和大度。1956 年 1 月，率領中國科學院代表團訪日剛回到北京的郭沫若在寫一篇涉及到斑疹傷寒病的文章時，由於缺乏科學依據，便給在上海的錢潮博士寫信求助。當時，錢潮已是國內地位顯赫的內科專家。收到老同學郭沫若的來信之後，錢潮立刻按要求收集了有關資料並將自己在江浙一帶所做的有關斑疹傷寒病流行的調查報告一起寄給了郭沫若。一個星期以後，郭沫若那篇有名的文章《「紅樓夢」第二十五回的一種解釋》〔註13〕就問世了。在這篇論文中，郭沫若根據錢潮博士從我國江浙地區採集到的科學依據和自

〔註13〕郭沫若：〈「紅樓夢」第二十五回的一種解釋〉，1957 年《文藝月報》3 月號。

己兩度患斑疹傷寒的體驗，提出了賈寶玉、王熙鳳所得的實際上是斑疹傷寒病這一嶄新的見解。

第六節　郭沫若與「夏社」同仁

本書在前面已經提到 1919 年國內五四運動爆發後不久的那個初夏，郭沫若和日本九州帝國大學醫學部的幾名中國留學生一起在福岡自主結成了愛國留學生團體並命名爲「夏社」。現在讓我們來看看這個由在日留學生組織起來的「夏社」究竟屬於什麼樣的性質，他們的言行沒有綱領，如果有，綱領又是什麼。

順便提一句，在過去的研究中，「夏社」這個組織的存在可以說已經廣爲人知，但多屬同一資料的重複轉用，而筆者將要在下面提到的許多關於「夏社」的詳細情況和材料，迄今爲止在國內仍然鮮爲人知。

過去的研究中用得比較多的資料主要有以下 4 種：

（一）郭沫若《創造十年》

（二）郭沫若《我的作詩的經過》（1936 年 11 月東京《質文》2-2）

（三）郭沫若《鼉進文藝的新潮》（1945 年《文哨》1-2）

（四）日本外務省所屬海外諜報機關青島民政部《關於排日通信機關設置的機要文件》〔註14〕

關於前三種資料，尤其是《創造十年》第三章和回憶性文章《鼉進文藝的新潮》，儘管多多少少有一些關於「夏社」的文字，但由於都是「夏社」成員郭沫若一人的回憶性敘述，故只能作爲參考。

先僅以《創造十年》中的描述爲例。

> 在那年的六月，福岡的同學，有幾位集合了起來組織過一個小團體，名叫夏社。這夏社是我所提議的名字，因爲我們都是中國人，結社是在夏天，第一次的集會是在一位姓夏的同學家裏。我們的目的是抗日，要專門把日本各種報章雜誌的侵略中國的言論和資料搜集起來，譯成中文向國內個學校、各報館投寄。由幾個人的自由的捐獻，買了一架油印機來作爲我們的宣傳武器。但是這個團體結成以後，同學們都不會做文章，只好讓我和陳君哲兩個人擔任。君哲

〔註14〕中島翠：〈夏社資料〉，《飆風》18 號，1985 年 2 月。

只做了一篇東西，在暑假期中他又回浙江去了，因此只剩下我一個人做了油印機的保管者和使用者。我在暑假中也發過好幾次稿，都是自己做，自己寫蠟紙，自己油印，自己加封投寄。

1945 定 7 月，郭沫若在《鼎進文藝的新潮》中寫道：

> 五四運動終竟起來了，在日本報上自然作爲天變地異的事情敍述著。當時我們住在福岡的幾位同學，雖然都是學醫的人，但迫於愛國的要求，我們也生了反應。在五月中旬，我們在夏禹鼎同學的寓裏開了一次會，參加的有徐誦明、劉先登、陳中、錢潮諸位同學。我們決定組織一個義務通信社，定名爲「夏社」。因爲時期是在夏天，我們是中國人，中國原稱中夏，而結社又是在夏君家裏。

> 大家捐了一些錢，買了一部油印機和些紙頭油墨等，很簡單地便開始了工作。主要是翻譯日本人仇華的消息，有時由我們自己撰述些排日的文字。印出以後，向上海各報館分寄。

有幸的是，如今我們可以在收藏在日本外務省史料館的《青島民政部政況報告並雜纂》（1卷）中看到 1919 年初夏「夏社」成立並開展活動時的行動綱領的日文譯文。這份重要的史料最初是 1982 年 8 月由一個叫小野信爾的日本人在調查日本外交史的時候偶然發現的。另一位從事中國現代文學研究的日本學者中島翠女士得到這份史料後便將它登載在 1985 年 2 月刊行的學術刊物《飆風》18 號上公佈了出來。要知道，日本外務省史料館收藏的這一時間段的史料來源多爲諜報機關，許多牽涉到國家或軍部機密，故一直不對外公開。直到 1998 年這個禁區才打開了一個小小的豁口。

下面將該諜報資料的日文抄件內容譯成中文如下：

本社社務之綱要：

（一）發行刻寫油印印刷品，於課餘從事譯述，每月發行 1～2 次印刷品，分別寄往各省主要新聞社及各界。本社同人人數有限，期之以萬難，廣而告之。吾等譯述中若有可採用之處，希望新聞界諸文豪將其轉載於報端，並希望商界學界諸同志相互傳閱。

（二）備國內各機關團體，告知以倭人研究之內容。竭盡努力考察之並以備回答。（通信處：日本福岡市九州帝國大學醫學部郭開貞）

（三）視察者之接待。九州乃日本實業殷盛之地，福岡市集醫、工、
　　農科高等學府工場醫院爲一處。凡有國人前來視察，務必事
　　前通知，吾等同人深表歡迎，並樂意爲其謀以方便。

夏社同人

徐誦明　劉先登

陳　中　夏禹鼎

余　霖　郭開貞

藕炳靈

在這裏，作爲「夏社」成員，除了我們過去知道的郭開貞、徐誦明、劉
先登、陳中和夏禹鼎 5 人之外，還有兩個十分陌生的名字。一個是余霖，另
一個是藕炳靈（參見前圖 24）。這份名單上沒有郭沫若提到過的錢潮，恐怕是
「夏社」剛成立時登在油印稿件上的名單吧，錢潮或許後來才加入。

根據以上三種資料，我們至少弄清楚了「夏社」成員共有 8 人這一史實。
不過，有一點需要說明。日文抄件中出現的藕炳靈這個名字若不是筆名便是
誤植。因爲郭沫若留學日本九州帝國大學醫學部期間的中國留學生中只有一
個 1915 年由日本第二高等學校升入九州帝大的廣東人蘇炳鱗，而不曾有過藕
炳靈其人。

蘇炳鱗在加入「夏社」的同年 12 月 1 日畢業歸國，徐誦明和劉先登二人
皆畢業於日本第六高等學校，同樣於 1914 年進入九州帝大。前者來自浙江，
後者來自湖北。二人參加「夏社」一年前的 1918 年 5 月，日本寺內內閣與中
國段祺瑞政府之間締結了《中日陸軍共同防敵軍事協定》和《中日海軍共同
防敵軍事協定》。日本國內的中國留學生對此作出的反應是全國性的集體歸國
請願抗議。九州帝國大學當時分爲醫科大學和工科大學（相當於後來的醫學
部和工學部），留學生總共只有幾名，而且都是中國人。在東京方面的中國留
學生掀起集體歸國以示抗議的學潮震動了日本的新聞媒介時，徐誦明等人在
福岡作爲留學生代表接受當地福岡日日新聞社記者的採訪〔註 15〕。他們說，
「駐日公使館打招呼說眼下不少人相信種種風傳跟著回國，要我們不要相信
謠言，致力於學習研究」，「我們決不過問世間的事，只管學習」。然而，到了
他們參加「夏社」的 1919 年初夏，他們二人的身份都發生了變化。那時候，
他們二人都已是九州帝國大學醫科分科大學的準職員。1918 年 12 月大學畢業

〔註 15〕新聞報導〈九大留學生無人歸國〉，《福岡日日新聞》1918 年 5 月 15 日。

後，劉先登進了小野寺直助教授主持的內科研究室，徐誦明則作爲研究室副手被中山平次郎教授主持的病理學研究室雇傭。照理說，身份和以前做學生不一樣了，現在是帝國大學的準職員了，言行舉止應該更持重、更謹慎，然而他們卻沒有這樣做。在國內五四反帝反封建愛國民眾運動的感召下，他們自發性地在大學所在地福岡結成了近代以來九州地區第一個留學生愛國團體「夏社」。陳中其人即郭沫若在《創造十年》中多次提到的陳君哲。在岡山六高第三部念書的時候就比郭沫若高一年級。1917 年九州帝國大學醫學部所招收的中國留學生僅有來自岡山六高的陳中一人。「夏社」成立那年他剛上三年級。照理說他應該於 1921 年 3 月末畢業，可是根據筆者查到的學生檔案，這個陳中於 1922 年 12 月 27 日被九州帝國大學醫學部開除了學籍。理由是此人沒有按規定交納學費。據筆者手中掌握的資料，日本大正年間在九州帝國大學醫學部留學的中國留學生，只有陳中一個人沒有完成學業。余霖、夏禹鼎、錢潮三人各來自不同的日本號碼名牌高中。余霖來自一高，夏禹鼎來自三高，錢潮來自八高。他們三人不僅最初在東京念一高預科的時候和郭沫若同班，而且還是同一年進入九州帝國大學醫學部學醫。據同期日本同學瀨尾愛三郎（後來的九大醫學部教授）的回憶〔註 16〕，他們三個人都是高材生。余霖大學畢業後即刻被接受進了後藤教授研究室繼續鑽研外科學，取得博士學位後回上海開了一家私人外科醫院。給人留下的印象是「與其說是思想家，毋寧說是一位優秀的臨床醫生」。夏禹鼎畢業後直接進入東京帝國大學醫學部藥理學研究室。拿到博士學位後轉向臨床，歸國後在寧波的一家醫院當了內科醫生。最後一位錢潮是一個「皮膚白皙的」、「個子瘦高的美男子」，畢業後被導師小野寺直助教授招進內科研究室，獲博士學位後回國先在浙江省醫學專門學校任教授〔註 17〕，不久後在家鄉杭州私人開醫院行醫。解放後成爲國內最著名的內科醫生和血吸蟲病防治專家。

郭沫若曾在《創造十年》中言及當年「夏社」同仁都是學醫的，基本上都不會寫文章，實際上以「夏社」名義執筆的只有他自己一人。那麼當時他們這一群體又寫了或翻譯了一些什麼樣的文章及資料呢？這個疑問一直到 1988 年 11 月四川大學出版社出版了《郭沫若佚文集（1906～1949）》（上）才有了不完整的答案。我們可以從這本書裡找到二篇應該是屬於「夏社」時期

〔註 16〕同注 9。
〔註 17〕《郭沫若全集》文學編第 12 卷，第 97 頁腳註②。

的作品。第一篇是《抵制日貨之究竟》，署名夏社；第二篇是《同文同種辯》，署名郭開貞。兩篇作品都發表在 1919 年 10 月於上海發行的綜合月刊《黑潮》第 1 卷第 2 期上，隨時可以確認。遺憾的是我們至今尚未發現當時以「夏社」名義寄到國內新聞社和機關單位的資料譯文。

關於「夏社」成立的具體時間，我們可以在 1919 年 9 月 16 日青島的日本諜報機關發給日本外務次官（外交部副部長）的機密文件中找到以下有關記錄：

> 今探得青島商務總會作為排斥日貨之持久策，已於北京設立通
> 信機構，以謀與日本及支那各地取絡。據來自各方面之內探情報，
> 今又有名曰「夏社」之印刷部門於民國八年七月十七日在北京設立，
> 並開始與各方面聯絡之事實（以下略）。〔註18〕

關於「夏社」是否在北京設立過「印刷部」一事，由於我們手中沒有任何足以證明它屬實的資料，故不能下結論。想必當年日本駐華諜報機關發現署名「夏社」的油印宣傳品在北京的新聞機構及商界學界流傳，便誤認為北京設有「夏社」的印刷部。當然這只是一種猜測。然而，在同一份文件中，作為副件從「夏社」的印刷品中簡要譯出的部分文字可以證實「夏社」成立的準確時間。該文件中有如下記載：

> （前略）在此於民國八年七月十七日組織成立「夏社」，為防止
> 同胞的精神萬一衰敗。

從這份來自日本諜報機關的文件中，我們獲得了有關「夏社」成立時間的最可靠的證據。郭沫若在 1945 年寫的《鳧進文藝的新潮》中回憶說是「5 月中旬」，在 1932 年的《創造十年》中說是「6 月」，兩種說法憑據的都只是事隔多年後模糊的記憶，現在看來，都不正確。

〔註18〕 王錦厚、伍加倫、肖斌如共編《郭沫若佚文集（1906～1949）》（上），四川大學出版社，1988 年 11 月。

第五章　關於郭沫若在福岡留學生活的詳細考察

敘　說

　　《櫻花書簡》中記載的郭沫若留學日本第六高等學校時期的住所，經日本學者名和悅子的調查核實基本上得到確認。其結果以專題論文《郭沫若在岡山》的形式發表在 1995 年 8 月號日本《中國研究月報》上。這可以說是近幾年來日本的郭沫若研究領域出現的比較突出的成果。然而，這僅僅是在岡山留學的三年。那麼郭沫若進入九州帝國大學以後的情況又怎麼樣呢？我們可以從年譜上獲知郭沫若自 1918 年 9 月起在位於福岡博多灣的九州帝國大學就讀一直到 1923 年才畢業歸國。在福岡居住的長達 4 年零 7 個月的時間裡，他又是怎樣地生活，怎樣地學習，怎樣地創作的呢？另外，出於傳記研究的必要，還必須通過實證的手段來弄清那些過去一直沒有條件弄清或者不大屑於弄清的雖屬細節但卻非常重要的問題。例如，當時郭沫若一家在福岡的經濟狀況怎樣？這一時期他們居住在什麼地方？有沒有遷居過？如果有，遷過幾次？導致遷居的原因是什麼等等。我認爲搞清這一切不僅僅是出於郭沫若傳記研究上的需要，它還直接關係到研究者能否準確地把握孕育出《女神》等中國現代文學史上不朽之作的創作動機與環境。遺憾的是，關於這些問題，除了郭沫若本人在事過多年後憑記憶撰寫的自傳《創造十年》中以及在一部分自敘性小說中作過零碎的不盡準確的回憶以外，迄今一直沒有考察清楚。尤其是在福岡居住期間究竟住在哪裡這個謎直到時隔大半個世紀的今天依然

未被解開。我想，這也許與郭沫若本人沒有在《櫻花書簡》裡留下有關的記敘性文字不無關係〔註1〕。

我們知道，郭沫若是在他留學九州帝國大學時期出現於中國現代詩壇並贏得其地位的。他最著名的詩集——曾經給予過中國新詩的成長以極大暗示和刺激的《女神》就是在這一時期創作、結集和付梓的。我們不難想像，既然郭沫若沒有居住在學生會館以及留學生宿舍等集體寓所而是一直和家人一起單獨租房生活在日本人的圈子裏，那麼具體的生活環境和他的人格形成以及文學作品創作之間必定會產生某種必然的聯繫。自1918年9月入學至1923年3月31日獲得醫學士學位學成畢業，這期間郭沫若究竟過的是一種什麼樣的生活？這種生活對他作爲詩人、小說家、劇作家以及政治家的性格形成產生過怎樣的影響？我想，破譯這些謎團的工作和文學史研究上追求新意和觀點的突兀相比，儘管與任何轟動效應無緣，但它立足於嚴謹的科學考證，發現再微不足道，也不妨視爲郭沫若研究、尤其是對郭沫若其人的人物傳記研究方面的一種實際的貢獻。本章節可以說這是這種人文科學基礎研究的重要一環。

本章節中的表述，主要依據寫於日本大正年間散見郭沫若書簡和通過實地考察獲得的第一手資料。具體表述分兩個層面展開。第一個層面是對郭沫若留學福岡期間的住所逐一確定核實，並追蹤其當年的足跡；第二個層面是弄清當年郭沫若一家的經濟狀況，進一步澄清《女神》創作時期圍繞留學生兼詩人郭沫若的外部現實。

第一節　對郭沫若抵達福岡準確日期的質疑

我們知道，郭沫若當年於岡山第六高等學校畢業後直接升入了位於九州福岡的九洲帝國大學。關於郭沫若離開岡山到達福岡的具體日期，本書在前面提到了名和氏論文提出的最新推論。名和悅子在論文中這樣推斷：郭沫若臨在大正7年（公元1918）7月3日舉行的日本第六高等學校畢業典禮之前，忍痛割愛將自己數年來愛讀的《庚子山全集》和《陶淵明全集》贈送給當地的岡山縣立圖書館，然後於畢業典禮舉行後沒過幾天便離開了岡山。然而，

〔註1〕據負責保管《櫻花書簡》原物的四川省樂山市文物管理所原副所長唐明中先生1997年5月15日致筆者信函，《櫻花書簡》中所收錄的寄自日本福岡的9封家書在郭沫若元配夫人交到文管所時就沒有封筒。

據筆者所考，郭沫若在寫於 1924 年 9 月 17 日的隨筆《賣書》中提到當時離開岡山是在把書贈送給岡山縣立圖書館的翌日。再者，郭沫若在到達福岡後的第一封家書（8 月 24 日）中也言及「男來九州將四星期了」。與亡命日本期間僅憑藉記憶寫於 1932 年的自傳《創造十年》相比，至少這兩項可稱之為生活記錄記述的準確性要可信得多。

既然如此，那麼只要作逆向計算，就可以得到以下推斷：郭沫若離開六高赴九州並非如日本學者名和氏所說的是 1918 年 7 月上旬，而應該是同年 7 月末或 8 月初才合情理。而且，向岡山縣立圖書館贈送藏書也不該是在 7 月 3 日以前。既然是臨離開岡山的前一天，那麼同樣也應該是在 7 月末或 8 月初。名和氏論文認為郭沫若在參加「畢業典禮後沒過幾天就離岡山而去」，並認為目的地就是福岡。其實並非如此。1918 年的 7 月上旬至下旬這段時間，郭沫若一家的確離開過岡山，但那卻不是前往九州的福岡。1923 年寫下的自敘性小說《月蝕》裏，恰好記錄了郭沫若從六高畢業時的生活。我們從中可知，同年 7 月上旬至下旬，待郭沫若正式從六高畢業以後，他的日本妻子佐藤富子曾帶著長子和夫先到她娘家所在的日本仙臺的海岸避暑去了。關於郭沫若本人，雖然尚不能百分之百地確認事後也跟著去了仙臺，但當時他是應該有時間和條件去的。這一點至少可以確認。因為我們知道，同樣是在 7 月間，郭沫若除了作升入九州帝國大學的分科大學——醫科大學的準備之外，他還一度為了向中華民國駐日留學生管理處預支官費而離開岡山去了東京。所以，正確地說來，郭沫若六高畢業後攜妻兒一同前往九州的時間，必須在他們從仙臺回到岡山之後。道理很簡單，因為仙臺在日本東北部，而九州在最南端，郭沫若一家不大可能僅僅為了去避暑而先把家搬到仙臺，然後避完暑再把家搬到九州。

第二節　從當鋪倉庫二樓的起居開始與博多結下不解之緣

據《九州帝國大學一覽》（1918～1919）所刊載的 1918 年度九州帝國大學年曆記載，該年度新學期從 9 月 10 日開學。

1918 年 7 月，郭沫若和其它任何一名日本同學一樣，做完了畢業前的病理學實習緊跟著就參加了岡山六高的畢業考試。7 月 3 日，六高舉行了畢業典禮。郭沫若出席了畢業典禮之後，得到了自己作為第一志願選擇的日本九州

帝國大學醫科分科大學發出的免試入學許可通知書。他即刻就把消息以明信片的形式向家鄉的父母雙親作了稟報〔註2〕。緊接著他去了一趟東京留學生管理處預支了一筆官費，然後去仙臺接了家眷又回到岡山住處。為了表示自己從今以後拋棄一切雜念一門心思學醫的決心，他忍痛處理了自己珍藏多年的全部文學書籍，帶著兩年前開始同居的日本妻子佐藤富子（實際上這時郭沫若已經開始稱呼她為安娜）和出生不到 8 個月的長子和夫從岡山乘坐火車前往九州的第一大城市──福岡。

火車由九州最北端的日本名港門司進入九州，大約下午三四點鐘才抵達博多車站。1918 年的博多市和福岡市並非一回事。後者的地理位置在前者的西北方向。現在的福岡市是以過去的博多為中心發展起來的，而在當時，博多是繁華的老城，而福岡市只是博多市的郊外。郭沫若一家在博多車站下車後，順便叫了一輛在站前拉客的人力車徑直朝九州帝大醫科分科大學而去。人力車到達醫科大學正門已近黃昏時分。新來乍到福岡的郭沫若帶著妻兒和行李，當天就在大學正門前找了一家客棧歇息了下來〔註3〕。安娜忙著安頓嬰兒收拾行李，郭沫若趁天尚未黑盡趕緊抽身出去找房子。手頭先有的幾個錢都是從留學生管理處預支來的官費。他知道辦理入學手續需要交納很多錢，住旅館最多也就是一晚上。不知算不算運氣，郭沫若幾乎沒費什麼工夫就找著了一處出租的私房。談妥租金後，郭沫若把起租的日子定在了第二天〔註4〕。

關於此處住居，郭沫若在到福岡後寫給父母的第一封家書（1918.8.24）中提到，「離大學很近，距大學的後門不足二百步的距離」，是一家「離海岸也不太遠」的當鋪。「租的只是二樓的兩間屋子，一樓是房東家的倉庫。牆壁是用泥土抹的，屋外兩頭一頭是做飯的地方，另一頭是廁所。」就是這樣的房子，加上電費，每月要收租金五圓五角日元。

除此之外，我們還可以從郭沫若 1924 年 8 月 9 日致成仿吾的信（初出

〔註2〕 這枚明信片並未收入《櫻花書簡》，但此事在 1918 年 8 月 24 日家書中有所言及。

〔註3〕 大正 7 年的九州帝國大學醫科分科大學正門前叫「大學前一丁目」。據考，當時「大學前街」上共有 12 家旅館。（第二肥後屋旅館、不老館、大松館、二宮旅館、福壽館、福岡旅館、吉旅館、常磐屋旅館、三原屋旅館、永島旅館、大阪屋旅館、綱屋旅館）。郭沫若究竟下榻的是哪一家不詳。

〔註4〕 據 1924 年 8 月 9 日郭沫若致成仿吾的信。

1926.4.16《創造月刊》1-2）中得知，這家房東是一個長著猴臉的跛足男人，太太又白又胖，還有個 9 歲的女兒，很可愛。

然而，這家當鋪的位置究竟在哪裡呢？

為了求得線索，筆者將現今的福岡市地圖與 1919、1920 年的《福岡博多及郊外地圖》進行了比較。結果發現現在九大醫學部正門和後門的位置和郭沫若入學當年幾乎一樣。實地調查展開以後，才發現以九大醫學部後門為圓心，向西北方向伸展 1 公里的半圓形範圍內，所有的當鋪都是 1945 年日本戰敗後開張營業的，也就是說日本大正年代就營業並一直延續至今的當鋪已經片片無存。倒是位於醫學部後門附近的稱名寺自郭沫若在福岡時期起至今香火不斷。

稱名寺的河野住持熱情接待了筆者的採訪，並證實了自戰前留下來的當鋪已不復存在這一調查結果。在日本，寺廟不像中國修建在遠離塵囂的深山裡，而是和普通民宅一樣建在城市甚至鬧市繁華區。和尚是一種世襲的職業。既可以結婚，又能繼承家業。他們主管四周居民的紅白喜事，和居民們相處得十分融洽。郭沫若在福岡時有一段時間曾住在稱名寺旁，如今時過境遷，寺裡的住持雖然依然姓河野，但距當年已經隔了三代。要不是河野住持說寺裡掌握的大正年間有關周圍居民的文字記載已丟失，筆者會獲得更多有關郭沫若一家的情況資料。關於當時郭沫若租的那家當鋪的情況，郭沫若在傳記中只提到 1924 年攜家人再度租借同一家當鋪空房居住時發現老闆的女兒已經病故，其它任何情況無從得知。

1924 年 6 月末，為了尋找生路而再度跟隨家眷返回福岡的郭沫若，再次由於拖欠房租被趕了出來。他拼命地尋找租金便宜的住房，找來找去結果又回到了 6 年前乍到福岡時下宿的當鋪樓上。他和他的家人在那兒住了兩個月左右，直到手頭寬綽些許才遷到另一處條件好一些的地方。郭沫若在當年 7 月 22 日致何公敢的信中寫道：「又被房東趕了出來，現搬到福岡市外馬出濱松原大佛像前。往後寫信請寄到這裡」。由此可見，那家當鋪的地址也就是「福岡市外馬出濱松原大佛像前」。從大正末年繪製出版的《實測福岡市及近郊地區地圖》（10000∶1）上看，位置大約在懷抱大佛銅像的稱名寺朝海灣方向二三十米處，相當於現在的福岡市地圖標明的東區馬出四丁目一番地二十八號附近。（關於日本大正 9 年出版的福岡市外地圖，請參照本書前面的圖片 25）

第三節　過度的貧困第一次傷害了海外赤子的自尊

　　1918 年 9 月末，九州帝大新學期開學剛二十來天，郭沫若一家就離開尚未住滿足月的當鋪倉庫二樓，搬遷到座落在著名的箱崎神社前的一幢二層建築的小樓去了。無論是《櫻花書簡》還是《郭沫若書信集》，都沒有收錄 1918 年 9 月末至年底 3 個月裡寫下，並且從搬遷後的住址寄出的家書和其它信件。在那之前的書信中郭沫若也隻字未言及將要遷往的新住址。所以那幢小樓具體座落在箱崎幾番地幾號難以確定。不過，根據《創造十年》中的記敘，我們還是可以大致斷定它應該在離現在的箱崎神社正面入口處很近的箱崎一丁目四十三號或四十四號。因為四十三號和四十四號正好被神社正面的參拜甬道分為左右兩處（參見前圖 26）。

　　關於郭沫若一家突然遷居的原因和新住宅的一部分情況，《創造十年》中有比較詳細的記述。郭沫若攜妻帶幼從岡山來到福岡時，在駐東京的中華民國留學生管理處預支來的八、九兩個月的 96 圓官費實際上在支出了搬家費、旅費和 8 月份一家人的生活費用以後，已經所剩無幾了。待他去辦理入學手續時，郭沫若手頭只剩下因重新調整留學生的官費而增加的 24 圓補貼和長兄郭開文特意從北京匯來恭賀入學的 70 圓（已兌換成日幣後的金額）。然而，第一學期的學費就得交納 40 圓，而且還必須購買價格昂貴的醫學教科書和德文原版參考書。每月的房租加上一家三口的生活費用支出就像一付沉重的擔子壓在郭沫若身上，使得他喘不過氣來。新來乍到福岡時家庭經濟上的極端拮据每每使他窘態百出。就連一部分學習上必不可缺的參考書也被他好幾次送進當鋪事後又贖回。這種捉襟見肘的貧困狀態一直持續到 9 月下旬好友成仿吾從家鄉湖南帶著鄉親陳老人一行三人突然出現在郭沫若的住居門口為止。

　　陳老人仰慕在九州帝國大學執教的日本著名眼科專家大西克己教授之名，不顧迢迢千里東渡日本登門求醫。一行四人嫌一直住客棧開銷太大，就決定租一幢房子並邀請郭沫若一家同住，條件是讓佐藤富子為他們做飯。這對剛到福岡後就陷入貧困泥潭的郭沫若夫婦來說簡直好比天降福音。因為他們每個月都可以省下那筆金額不小的房租。儘管如此，佐藤富子卻必須在原有家務之外同時照管另外四個成年男人的生活，而郭沫若呢，按他自己的話說，每天過的是形同僕人的日子。

第四節　天才詩人與博多灣自然「風景」的發現

經過一段時間的治療，當陳老人從眼科專家大西教授口中聽說自己的視力已恢復無望之後，就於同年十一月中旬領著管家和兒子回國了。由於房租已經付到了年底，故郭沫若一家得以在那一幢二層樓的房子裡住到十二月月末。

關於到福岡後第二次搬家，郭沫若在 1919 年 1 月 2 日寫給父母的信上之隻言片語地提到過新年（明治維新以後日本改爲陽曆 1 月 1 日過新年）忙於搬家。《創造十年》則記述了這次搬遷的時間是在 1918 年 12 月 31 日的夜晚。當時吟出的一首感懷七絕記錄了當晚背著尙幼的長子和夫和妻子二人拎著行李在海岸大片松林中來回穿行的無可奈何的苦衷。

> 回首中原歎路窮，寄身天地太朦朧。入世無才出未可，暗中誰見我眶紅？

關於這次搬遷後的新住址，我們通過郭沫若在當時的書信大致可以知道，它位於福岡市外靠近海岸的一個名叫網屋町的小漁村。「村之南北兩端都是松原。日本人呼爲千代松原，（中略，參見前圖 27）海在村之西，村上有兩條街道，成丁字形，南頭一條，東西走，與海岸線成垂直。」而郭沫若一家，就住在「這條街道的西端面北的一棟樓房裏，樓前後都有窗，可望南北兩端松原，可望西邊的海水（1921.10.6 致郁達夫信）。

雖然郭沫若在信中並未寫明新居的具體地址，但卻爲我們日後的考察提供了可謂相當有用的線索，只要核對一下日本大正 9 年的福岡博多及郊外地圖，我們就大體上能夠找到它的座落地點。

然而，有一個極容易引起誤解的問題必須要澄清。那就是郭沫若所言的「千代松原」與現在位於福岡市東公園圈內的千代松原並非同一碼事。據福岡市本地最有名的地方志專家江頭光所著《福岡意外史》（第 153 頁，西日本新聞社 1980 年 6 月 20 日出版），從東公園一直伸延到箱崎神社境內的數萬棵青松，由於大正 9 年（1920）秋天罕見的松樹蚛蟲蟲害蔓延幾乎在很短的時間內乾枯殆盡。也就是說，郭沫若所指的千代松原在 1920 年蟲害以後只剩下了最南端東公園裏的一小段。郭沫若一家曾經居住過兩年的網屋町海岸的松原，正好位於現在的福岡市東區區役所（司管轄區居民戶籍關係婚姻關係、納稅、健康保險、退休年金等等事務）一帶。據筆者推斷，既然郭沫若一家住的房子位於當時「南頭一條街道的西端」，而又與海垂直，那麼它一定就在

當時座落在海邊的著名的療養設施──抱洋閣的東北側，即現在的福岡市東區箱崎二丁目二十七番地三號或四號。從當時的地圖和一些照片上看，那個地點的左右兩面的確沒有任何可能遮擋視線的障礙物，而且海岸松原南北兩端和變幻無窮的博多灣一併盡收眼底。

> 這是我許多思索的搖籃，
> 這是我許多詩歌的產床。
> 我忘不了那淨朗的樓頭，
> 我忘不了那樓頭的眺望。
>
> 我忘不了博多灣里的明波，
> 我忘不了志賀島上的夕陽，
> 我忘不了十里松原的幽閒，
> 我忘不了網屋町上的漁網，
> ⋯⋯

──《1921.10.6 致郁達夫信》

郭沫若把博多灣歌頌爲孕育自己詩歌的搖籃。他和他的家人在網屋町那棟漁民住宅的二樓上度過了兩年零四個月的時光。正是在那兒，他迎來了他一生中首次襲來的詩歌創作高潮，並寫下了一批爲數可觀且在中國現代文學史上留名的不朽之作。

第五節 詩的世界與現實之間的徘徊

自 1920 年 3 月 15 日次子博生出生後，郭沫若的家庭生活發生了很大的變化。一個人的官費要用來維持一家四口的日常生活，這使得郭沫若更加捉襟見肘。他開始頻頻向家鄉的父母求助。然而樂山的老家本來就不算特別富裕，即便盡了最大的努力，也不能使郭沫若的貧困得到根本的緩解。於是，從 1919 年 11 月起，郭沫若開始在每個周末的下午教幾個日本同學的中文，每月收費 8 日圓。留學生打工掙錢交學費和補貼生活費用，現在看來一點不算稀奇，可是在二十世紀初，那就是相當罕見的行爲了。關於這一點，只要稍微瞭解一下與郭沫若同時在日本留學的田漢、郁達夫、張資平、陶晶孫等人的留學生活，就不難得出同一結論。說不准中國官費留日學生打工掙錢，或許是郭沫若首開先例。

　　幾個日本同學跟郭沫若學中文，結果沒過多久就中輟了。田漢也正是在這個時候趁春假沒課從東京來到九州登門造訪郭沫若的。田漢跟郭沫若的關繫屬於神交多日尚未晤面的詩友。田漢在福岡目睹了郭沫若一家的貧困，對郭沫若說的一句感慨之言是：「有人說結婚是戀愛的墳墓」。田漢身臨其境，他的話不能不說是深有感觸。

　　儘管郭沫若在經濟上受著窮困的折磨，但他剛進入二年級的一段日子裡，卻幸運地遭遇了他人生中第一次詩歌創作衝動的猛烈襲來。強烈的創作衝動猶如狂風巨浪覆蓋並淹沒了他，使他不能夠維持以往正常的學習和生活。在那段時間裡，他幾乎完全放棄了學醫。既不去聽講義，也不參加考試。前不久筆者調查九州大學醫學部教務資料，意外地發現正好在同一時期，郭沫若正式向他所屬的醫學部遞交過一份為時三個月的休學申請，並得到了批准。由此我們得知，自 1920 年 1 月 25 日至 4 月 25 日這三個月，郭沫若稱病休學在家。

　　1921 年 3 月 31 日，把房子租給郭沫若的網屋町那家漁民房東突然以有人肯多出一倍的價錢租房為藉口，限郭沫若一家在一星期之內搬走。郭沫若這時正好決意回國尋找生路。僅從他在住房尚未租到，自己走後妻兒三人完全有可能無家可歸的非常時期隻身回國這件事，我們不難看出當時郭沫若在精神上已經相當失去了自控能力。

　　1921 年 5 月 31 日，郭沫若為了同人雜誌的出版事宜一度由上海返回福岡。家是妻子安娜一個人搬的，時間在郭沫若回上海之後。如果沒有超過房東提出的搬遷期限，那麼郭沫若一家在福岡第三次遷居的日期應該是 1921 年 4 月 7 日。

　　郭沫若本人在當時致郁達夫的信（1921.10.6）中對安娜搬遷的新住居有所言及。說新居就在網屋町內 T 形漁村街道「與海岸線成平行的一條街道之中部，背海，又無樓……看不見博多灣中變幻無常的海色……看不見十里松原永恒不易的青翠」。而且，新居的「南鄰是一條小巷。穿巷西走，可百餘步，便可走出村去。村與海中間一片草場，場上插著幾十排竹竿，與海岸平行，時時曬著無數赤褐色的漁網。草場平坦，春夏之際，草色青青，每到晚來，黃金色的月見草花如逐漸現出的明星一樣，逐漸開在草上。」根據這一線索，筆者在當時的地圖上找到了這一住居的所在地。按現在的福岡市地圖來說，相當於箱崎二丁目三十番地附近。

關於這個住居，郭沫若有個說法很容易引起誤解。他在 1932 年寫作的《創造十年》第七章中提到「新遷的住居是在箱崎町的街道上」。郭沫若所說的「箱崎町的街道」，似乎和前面致郁達夫的信中言及的「網屋町」的說法自相矛盾，其實並非如此。日本大正時期的福岡箱崎町實際上是福岡市外的行政區劃之一（箱崎町正式併入福岡市，是在 1940 年 12 月 26 日以後），而網屋町在當時不過只是箱崎町內的一個小漁村（地名）而已。

第六節　郭沫若與明治繁榮期的象徵──抱洋閣

從 1921 年 3 月至翌年 9 月，郭沫若在上海和福岡之間來回往返了四次。其間，由於他的熱情奔走和組織才能，創造社──這一使得二十世紀二十年代中國文學的流向發生重大變化的文學結社誕生了。同人雜誌《創造》季刊的創刊，為這一批留日學生在中國現代文壇嶄露頭角提供了施展才華的舞臺。

　　1922 年 9 月上旬，全家應代管抱洋閣的人家之邀，暫住抱洋閣。

以上是迄今為止對郭沫若人生經歷記載和描述尤具權威性的《郭沫若年譜》中關於郭沫若一家在福岡第四次遷居的記載文字。

關於抱洋閣，以及搬遷進去的原委，郭沫若在《創造十年》裏敘述得十分詳細。這可以說是我們所掌握的關於抱洋閣的唯一資料，故引原文如下。

　　日本產業界中所必然發生的傾向便是資本的集中，小資本家的破產，零碎事業的中斷，猖獗的「成金風」，之平息。這個現象從那博多灣的一角上也鮮明地表現了出來。博多灣中的築港工事中止了，那座像王宮一樣的抱洋閣，漸漸蕭條了起來，終至不能經營，在 1922 年的春間，全部拍賣了。

　　買了抱洋閣的是新起的博多灣沿海鐵道會社，買來打算改成公司的辦事所。但在未改公司之前，空了有半年光景。公司派了一位技師看守，但那技師和福岡市上的一位伎女姘上了，兼顧不到抱洋閣來。他便託了一位在抱洋閣附近住著的工頭代他管理。工頭的家和我們的寓所相隔不遠。我們在那箱崎町上住了已經三年，自然是相識的，逢年過節也時而有些往還。那工頭的老闆娘想到自己一家人住在那王宮一樣的抱洋閣裏，在掃除上要大感困難；同時她的經

繪似乎也很不弱，她利用那技師的弱點，便私把抱洋閣的一部分向我們開放了出來，她請我的女人和他們同住。於是在那暑假前後的幾個月中，那臨海的幾層樓房便成了我們的居室。在三年前我在岸上羨慕著樓上的人如天上人的，在三年後的我自己卻被岸上的遊人羨慕為天上人了。

（中略）我在迴廊上擺了兩張由上海買來的藤製睡椅，安了一張短桌在那大房間裡面，那兒便成了我的臨時書齋。有時海風太大時，我又把短桌移到後邊的小室裡去。就在那樣的廣居之中，我譯出了《魯拜集》，做成了《孤竹君之二子》。

通過以上回憶性記述，我們大致可以瞭解到 1922 年夏天郭沫若一家搬進臨博多海灣而建、曾經輝煌一時的高級休閒飯店抱洋閣的情況。明治末年福岡萬國博覽會召開時的繁華，暴發戶們開著高級轎車來燈紅酒綠的抱洋閣狎妓，揮金如土，紙醉金迷。如今郭沫若這樣的一介貧困的中國留學生住在這昔日一度繁華而今蕭瑟淒冷的抱洋閣，獨佔六十張鋪席大的和式宴會大廳看日落聽海潮埋頭文學創作的自嘲心理，通過郭沫若的這段文字傳向讀者。

然而，郭沫若一家究竟是 1922 年的幾月幾日遷入抱洋閣，又是幾月幾日搬出的呢？除此之外還有一個問題，那就是當時的抱洋閣究竟座落在博多灣的什麼地方呢？

關於這兩點，郭沫若並未提及。筆者頗費周折弄到一張抱洋閣的舊圖片，乍看去那只是一幢二層建築的紅磚小洋樓。仔細觀察後，發現兩點使筆者納悶不解。第一，抱洋閣只有兩層，而不像郭沫若在《創造十年》中所描述的有三層。第二，圖片上的抱洋閣怎麼看也容不下郭沫若所歡贊的六十張鋪席大的和式宴會廳。直到一年以後筆者從明治時期福岡地區的商業廣告上目睹了抱洋閣完整的圖片（參見前圖 22、23），這兩個疑問才有了答案。原來抱洋閣有兩幢建築。一幢是紅磚洋樓，另一幢二層建築臨海〔註5〕，一眼便可認出那就是郭沫若所說的寬大的和式宴會廳。通過核對實物圖片，我們至少弄清了一點，那就是《創造十年》把抱洋閣說成是三層樓，這是作者記憶有誤（或

〔註 5〕石橋源一郎、波多江五兵衛共編：《回憶的影集博多‧彼時彼刻》，葦書房昭和 56 年 5 月 10 日出版。第 30 頁中有以下文字：抱洋閣乃「建築面積七百餘坪的漂亮的二層樓」。700 坪面積相當於 2314 平方米。

者是「二層」被誤植成了「三層」？）。而且，1932 年出版的《創造十年》成
爲後來再版的多種版本的原始參照，如果初版有誤植，加上作者記憶模糊，
完全有可能一直錯到今天。

抱洋閣的存在，直到被拆毀那年才從福岡地圖上消失。按現在的地圖，
它位於福岡市東區箱崎二丁目五十二番地一號，即現在福岡 RECENT HOTEL
的座落地點。

至於郭沫若一家遷入抱洋閣的日期，據筆者所查，郭沫若 1922 年 7 月 11
日寫於上海的《編輯餘談》（初出 1922.8.25《創造》1-2）中有這樣一段值得
注意的話。

> 達夫資平以由帝大卒業，今後行蹤未定。壽昌亦有歸國之意。
> 今後同人稿件以及外來稿件，就請直交日本福岡市箱崎海岸抱洋
> 閣，由我暫時集收罷。

筆者認爲，這段話至少證實了一點。那就是，1922 年 7 月 1 日，郭沫若
爲了第一卷第二號《創造》季刊的編輯工作離開福岡到上海。在離開福岡之
前，他和他的家人已經搬進了抱洋閣。

抱洋閣作爲日本福岡市明治以來的著名建築正式落成於明治三十三
（1900）年，「背靠松原面朝海，博多灣內海角諸島一覽無餘。隔海遠眺壹
岐、對馬」，「真不負所謂抱洋之名，盛夏來臨，納涼者甚多」（《福岡縣名
勝人物志》1916 年 11 月 5 日發行）。此外，抱洋閣不但「庭園內魚池內放養
有海魚河魚，隧道內還有水族館、洋式觀潮溫泉及桑拿沙浴等等珍奇設施」
（《福岡市導遊指南》第 25 頁，九州商報社 1910 年 3 月 31 日）。據說在博多
這座日本的名城，最早安裝抽水馬桶的就是抱洋閣。然而，曾經集豪華於
一身的抱洋閣，於大正十一（1922）年春因爲經濟蕭條而被拍賣。停止營業
後，隨著博多灣鐵路（和白←─→新博多，大正十三年開通）的鋪設而被徹底
拆除。

第七節　文學路上屢受挫，斷念重返博多灣

郭沫若一家爲了節省房租，接受了抱洋閣代理管理人提出的打掃全樓清
潔的條件，並於 1922 年 6 月搬進了抱洋閣。由於在那裡既不用忍受房東的白
眼，也不必交納房租，一家人在那兒住到了郭沫若翌年 3 月 31 日獲得醫學學

士學位並從九州帝國大學醫學部畢業。就在這座抱洋閣裡，郭沫若不但迎來了第三個兒子佛生的出生，還創作了後來收入他的第二部詩集《星空》中的一部分詩歌及歷史劇《孤竹君之二子》等一系列作品。

同年 1 月 17 日，郭沫若參加了醫學部舉行的第五部（耳鼻喉科、眼科及皮膚科）的考試合格後，接著 2 月中旬和 3 月中旬又先後通過了內科等第三部考試及外科等第四部考試，最後，3 月 31 日的畢業考試全部及格。1923 年 3 月 31 日這一天對郭沫若來說是一個值得紀念的日子，因為就在這一天，他在九州帝國大學醫學部長達 4 年零 7 個月的留學生活終於劃上了句號。

郭沫若在 1923 年 4 月寫成的文學評論《討論注釋運動及其它》（初出 1923.5.1 出版《創造》2-1）中寫道：

> 在日本留了十年的學，學業雖未成，形式上的學生生活已告了一個終結。本月二日由海外歸來，料想故國的論壇必隨春色爛斑而呈一種蔥籠的狀態。

通過郭沫若當時寫下的這段話，我們可以得知他在 1923 年 3 月 31 日拿到畢業證書後第二天就攜家人匆匆啓程回國了。途徑應該是跟以往一樣，去北九州門司港坐到上海的客船。由於海上再短也要一天時間，故可以推斷郭沫若一家是在 4 月 1 日離開福岡的。此外，《創造十年》還告訴我們，此次是郭沫若攜妻子安娜、長子和夫、次子博生、三子佛生第一次回國（參見前圖 28）。一家人的旅費是四川樂山老家寄來的 300 圓。據說安娜 1932 年在日本千葉居住時回憶 9 年前第一次帶著三個兒子隨丈夫郭沫若踏上中國的土地時說過，「好像感覺著幸福，因爲你（郭沫若）已經畢了業，以後的生活好像是只有朝好處走一樣」〔註6〕。

自從郭沫若斷然拒絕了重慶那家英國人辦的醫院的聘請，郭沫若帶著家人到上海後一直沒有固定的職業。收入極不穩定的賣文生活並沒有持續多久就開始入不敷出了。這種窮困不僅僅是難以解決溫飽問題，孩子生病後沒錢看醫生，出門就連電車也坐不起。孩子肚子餓了哭著要吃飯，孩子病了夜裏

〔註 6〕此處引用郭沫若在《創造十年》中的回憶。然而，據佐藤富子文《我的丈夫郭沫若》（日本《新女苑》雜誌 1938 年 4 月 22 日），郭沫若當時帶領一家人回國是應重慶一家英國人開的醫院之聘作爲醫生前往赴任。300 圓旅費是醫院寄到日本的。可是不知何故，郭沫若到了上海以後突然改變主意決定棄醫從文。

不入睡……。郭沫若夫婦急得像熱鍋上的螞蟻。安娜埋怨丈夫搞文學放棄了做醫生的安穩人生，郭沫若回國後在文壇出於被冷落和受圍攻的境地，也怪安娜不解人意。在博多灣生活時那麼和睦快樂的家庭，現在因為貧困而互生芥蒂。頻繁的夫妻口角，使得安娜這個日本女人一咬牙下了自己帶著三個孩子回福岡謀求生路的決心。

由於找不到根本改變生活現狀的辦法，郭沫若不得不同意安娜帶孩子回日本的要求。就這樣，在他學成歸國後的第二年（1924）早春，妻子安娜領著三個年幼的兒子登上了開往日本的客船。登船之前，郭沫若拼命地忍著就要奪眶而出的眼淚，對離別前依依不捨的妻兒保證，待到《創造週報》創刊一週年自己一定回到他們身邊。

1924年2月24日，郭沫若的自敘傳小說《岐路》作為《飄流三部曲》中的一篇在《創造週報》第四十一號上刊出。根據文中內容，安娜帶著孩子們離開上海匯山碼頭乘船返回福岡的準確日期是1924年2月17日。同年4月5日刊載於第四十七號《創造週報》上的作品《十字架》（《飄流三部曲》第二篇）中插入了當時安娜抵達目的地後給丈夫寫來的頭一封信。據信中披露，安娜2月17日從上海出發後，途經日本長崎，翌日晚上才到達目的地福岡。當天晚上是在姓石川的老朋友家裡寄宿的。由於福岡的2月十分寒冷。為了孩子，安娜咬牙租下了一幢每月房租高達20圓的既有橘子樹、又有小茶園子的單門獨戶〔註7〕。

到了這一年的4月2日，郭沫若按照妻子寄來的草圖很容易就找到了新居。在抵福岡兩週後的4月18日致成仿吾的信中他這樣寫道：「你如寫信給我的時候，請寫「福岡市外箱崎網屋白浜」便可交到」。筆者認為這就是郭沫若在福岡第五次遷居後的住址。那個地方「回上海前住的那個樓上可以看得見（《十字架》）」，筆者推定其地點不可能距抱洋閣很遠。按現在福岡市的地圖來說，即位於東區箱崎二丁目四十五番地一帶。

就在這個靠近海岸的房子裏，郭沫若花了一個月的時間翻譯完了不久給他的人生帶來重大變化的《社會組織及社會革命》（河上肇著）。為了直接拿到現金去解救日常生活的燃眉之急，最初，郭沫若把這本書的中譯本委託上海的朋友交給上海商務印書館出版發行的時候是準備將500餘頁翻譯原稿全

〔註7〕據前出《回憶的影集博多‧彼時彼刻》，當時日本人的月薪小學教師為62圓31錢，警官為42至61圓，普通大學畢業生頭一個月薪水為75圓。

賣掉的〔註8〕。沒想到自己同意了朋友將此書納入叢書系列出版的提議而最終不得不和上海商務印書館簽署版稅合同。這一來，本來可以立即拿到手的一筆現金稿費變成了按書的銷售量支付版稅。加上出版社害怕《社會組織及社會革命》這本書給當時的中國社會造成不良影響而聲譽受損，待其印行後不久就中止了出版。郭沫若該拿到而實際上未能拿到這筆稿酬，使得他不得不再次面對難以支付房租的尷尬局面。4 月初從上海返回福岡時向朋友們借的錢在償還了安娜的借債後已經所剩無幾，6 月上旬受上海泰東書局委託給《王陽明全集》寫的序文竟然一文不名。房東見郭沫若一家拖欠了五、六兩個月的40 圓租金無法支付，就決定將郭家掃地出門。

　　根據郭沫若同年 8 月 9 日致成仿吾的信可以知道，當時像郭沫若這樣一家五口住在福岡，一個月的日常生活費用再怎麼節省也下不了 100 圓日幣。郭沫若 4 月初回到福岡以後，曾經以希望進九州帝國大學研究生院師事石原誠博士從事生理學研究爲理由向東京中國留學生管理處申請過官費資助但未被批准。雖說他在東京領到了大學畢業時該領而未領的那筆 300 圓的學成歸國旅費（這筆錢在扣除福岡至東京的往返旅費後實際上只剩下 250 圓），但在還清債務後已經不夠 5 月份的生活支出了。郭沫若是在這種情況下才將《社會組織及社會革命》這本書的日文原版本送到當鋪去換幾個小錢的。然而，與典當書籍相比，更能說明他的生活貧困到達了極限的，應該是把被子也送進了當鋪這一事實。另一方面我們也得知，郭沫若在支付 5 月份的房租之前，光還債就用去了從上海友人處借來的 100 圓和補發的畢業旅費 250 圓，可見安娜 2 月份帶著孩子們回福岡後基本靠的是舉債生活。

　　1924 年初夏郭沫若一家在福岡再次被房東趕出家門一事，郭沫若在同年同月 22 日致何公敢的信以及寫於同年秋冬之交的自敘傳《行路難》中有所言及。雖說沒有說具體是哪一天被趕出來的，但卻提到了收房租的日子是 6 月29 日。安娜付不起租金，哀求房東再寬限幾天，房東卻執意令郭家馬上搬走。雙方堅持不下，最後還是鄰居出面作保才得到了三天的寬限。房東的最終決定是給三天時間，讓郭家搬走，如果三天以後還不搬，就上告法院。由此看

〔註 8〕魏奕雄著：《郭沫若與夫人戰友朋友》第 34 頁中作「第二天，他狠了狠心，把剛剛完成的譯稿送到了當鋪，當了五角錢。」這顯然有誤。實際上當時郭沫若送到當鋪去的是河上肇的《社會組織及社會革命》的日文版本和《歌德全集》的德文原版本，而不是前書的翻譯稿。依據是郭沫若 1924 年 8 月 9 日致成仿吾的信。

來，郭沫若由於不再是官費留學生而失去了民國政府的撐腰，他作爲一家之主暫居日本寄人籬下，應該說是不便惹是生非的。既然如此，那麼他最遲必須在 6 月 31 日之前搬走。所以，大致上可以斷定，郭沫若一家這次搬出的日期是 6 月 30 日或者 31 日。搬家前，爲了付清欠下的房租，郭沫若又忍痛當掉了自己最愛讀的《歌德全集》，換了一張面額爲 5 圓的鈔票。

第八節　命運的捉弄——第六次被迫遷居重返當鋪

前面已經提到郭沫若在致何公敢的信裏寫道：「又被房東趕了出來，現搬到福岡市外馬出浜松原大佛像前。往後寫信請寄到這裡」。既然郵件都能夠寄到，想必應該是確實的住址了。不過需要注意的是，郭沫若在同年 8 月 9 日致成仿吾的信和作品《行路難》中都提到「福岡市外馬出浜松原大佛像前」這個地點，在「六年前居住過的醫學部後門不遠的一家當鋪的倉庫二樓」。和六年前剛入學時相比，這家當鋪的倉庫儘管已經破舊不堪，但房租卻漲到了每月 10 圓。這時候，除了郭沫若一家從六年前的三口人變成了現在的五口，其它一切照舊。

第九節　小剎稱名寺神秘的毘廬沙那巨佛銅像

今天是 9 月 29 日。搬來新居剛好一個月。

這是《行路難》中的一段話。我們根據這段話，可得知郭沫若搬出當鋪倉庫二樓的準確日期是 1924 年 8 月 29 日。郭沫若所指的新居，即「稱名寺旁邊兒的一幢民宅」。《行路難》還披露這幢宅子「緊靠著稱名寺，看上去小巧玲瓏，頗具別墅風格。宅子四周圍著爬滿了無數牽牛花的籬笆。（中略）籬笆內有一個正方形的小庭園，庭園正中央是一幢大門朝南開的房子」。如此幽雅的別墅，郭沫若有財力租下它是因爲 8 月下旬國內寄來了幾百圓的出版印稅。房東見租房的客人是支那人，又有一大堆年幼的孩子，便提出了以下三個條件。第一，必須有人作保。第二，預先一次付清租房押金 150 圓。第三，每月房租 35 圓提前一個月交納，哪怕只住了一天，也必須交納一個月的租金。

若是往日的郭沫若，他早就忍受不了房東提出的苛刻條件了。再說他也從來沒有過每月支付 35 圓房租的經濟能力。然而眼下的郭沫若卻不然。好幾

百圓鈔票捏在手中，頓時使他那被窮困折磨得滿是傷痍的自尊心得到了復活。他心裡想，金錢又算個什麼東西！你們這些小心眼兒的日本人別以爲中國人就租不起好房子。我就偏偏租給你們瞧瞧！此時此刻，一種強烈的報復心理可以說完全支配了郭沫若，使他由於過分的感情衝動而失去了對現實的判斷能力。

　　稱名寺至今依然座落在九州大學醫學部後門的附近（參見前圖 29）。按現在的地名來說，即位於箱崎四丁目一番地五十號。從外觀上看，其建築，尤其是主殿被綠色銅銹所覆蓋的房頂和玄關古樸的柱子都幾乎原封不動地保持著日本大正年代的風貌。郭沫若曾多次在自傳性作品和書信中言及稱名寺裏有大佛，但那究竟是一尊什麼樣的大佛，郭沫若卻隻字未提。筆者認爲，這或許與郭沫若不喜歡佛教有關。

　　1955 年 12 月郭沫若以中國科學院院長的身份赴日訪問時，擔任隨員兼翻譯的劉德有所著的《隨郭沫若戰後訪日》（遼寧人民出版社 1988 年出版）中提到：「松原中稱名寺裡的日蓮銅像」、「第二次世界大戰中日本軍部爲了製造武器搗毀了日本國內所有的銅像。稱名寺裡的銅像也未能幸免，現在稱名寺這座寺廟已經不復存在了」。此外，《郭沫若全集》文學編第四卷中收錄作品《訪日雜詠》（初出 1956.2.29《北京日報》）中，有關詩歌作品《弔千代松原》的作者原注裡有這樣一段話：「日本軍閥爲製造兵器，多將國內銅像銅佛等搗毀。稱名寺銅佛已遭此厄。寺亦絕跡，不知何故」。應該說迄今爲止類似這種由於郭沫若本人的記憶錯誤和他人想當然所造成的謬誤印成鉛字展現在讀者面前時引起了許多完全可以避免的笑話。

　　根據福岡著名地方志研究家咲山恭三所著《博多中洲的故事》前編（1979年文獻出版社）的記述，稱名寺建於日本元應二年（1320），最初作爲日本時宗遊行派的寺廟由稱阿、名阿父子二人在博多片土居町（現福岡市店屋町）奠基。傳說山號爲金波山西岸院，開山者爲乘阿一運上人。稱名寺於日本永亨五年（1433）和大永八年（1528）兩度遭兵火，全寺被大火吞沒。鎮寺之寶是一座毘盧沙那青銅大佛坐像。佛像頭頂距地面三丈八尺，佛像自身高一丈八尺，手掌寬一尺七寸，於明治 43 年（1910）修建落成，享有「日本第三大佛」之稱（參見前圖 30）。

　　博多町人文化聯盟常任理事江頭光氏在《福岡百年》（清水弘文堂 1989年 6 月 10 日發行）中披露，這座一度享譽日本全國的「博多大佛」，修建時

耗費的總工費近七萬圓。由數萬把銅手鏡鎔鑄而成。最初安放在位於博多片土居町的稱名寺內，後來於大正八年（1919）隨稱名寺搬遷一同被遷往箱崎海岸的松原。我們可以不費任何力氣在大正九年的福岡博多及郊外地圖上找到座落在九州帝國大學醫學部後門附近的稱名寺。座落在千代松原中東公園園內的龜山上皇和日蓮上人兩座青銅巨像，當時由於福岡市民的極力反對而在戰爭中得以幸存〔註9〕，但座落在醫學部校園內的醫學部創始人大森治豐的著名銅像以及醫學部其它數名醫學博士的胸像在戰爭中全部被繫上紅色應徵布帶被熔化鑄成了子彈炮彈〔註10〕。至於稱名寺內的博多大佛銅像，筆者採訪該寺現任河野住持後得知，郭沫若一家住在寺旁時稱名寺的住持是現任住持河野的祖父河野智光。號稱日本第三大的博多大佛在 1944 年 8 月太平洋戰爭激化時日本軍部下達金屬供出命令後被溶成了殺人武器。只有佛像下面的水泥座臺，至今尚完好無損。

順便說一句，日蓮銅像和龜山上皇銅像都於博多大佛無關。前兩尊銅像至今依然安放在東公園園內供信奉者瞻仰。

第十節　佐賀北山溫泉與走投無路的窮作家

郭沫若在《創造十年續編》第二章中寫道：1924 年 4 月至 10 月「這六七個月時間要算是我最多產的一段時間，……當時的生活記錄大體就留在了《橄欖》裡面」。筆者以此為線索，仔細考察了記錄了這段時期生活的《行路難》（初出 1925.4.10《東方雜誌》22-7）、《紅瓜》（初出 1926.6.1《洪水》2-6）以及當時的作者書簡。

郭沫若是 1924 年 9 月下決心帶家人回國的（參見同年 8 月 9 日致成仿吾的信）。4 月份去東京申請以官費留學生的身份進入九州帝國大學研究生院未能獲准，由此他再也不能像大學時代那樣可以依靠每月領取官費生活。儘管後來供一個人用的官費已經完全不夠一家五口的衣食住行，但畢竟每月有錢可領。1924 年的郭沫若卻失去了這種資格。他比誰都清楚，沒有穩定的生活費來源，一家五口人根本不可能在異國他鄉的日本生存下去。既然如此，那

〔註9〕中牟田佳彰、田中一幸、木下禾大共著：《日蓮上人銅像——製作工程及歷史資料》，西日本新聞社，昭和 61 年 6 月 10 日發行。

〔註10〕《寫真集九州大學史》1911～1986，九州大學創立七十五週年紀念事業委員會，1986 年 5 月 10 日。

麼唯一的活路就是回到祖國。一是自己可以考慮去謀職，退一萬步說哪怕到了山窮水盡的地步家鄉還有父母在，不至於一家五口餓死。在這之前，既然人在日本，就必須做點什麼。年初就開始計劃到日本靜下心來翻譯河上肇的《社會組織及社會革命》和屠格涅夫的《處女地》（1925 年 6 月上海商務印書館出版），這兩本書在 1924 年 8 月上旬就脫稿了。8 月下旬武昌師範大學校長來涵邀請出任該大學的文科教授。郭沫若的心情的確有點兒激動，甚至有點兒歸心似箭了。他之所以沒有馬上動身回國，那是在等武昌師大寄來正式的聘書和旅費罷了。處在這種景況下，郭沫若的心態是比較複雜的。回國大局已定，他還有什麼必要繼續忍受貧困給他和他的家人帶來的屈辱呢？哪怕是花一大筆錢只住上幾天呢。此時此刻郭沫若滿腦子只想著做一件事情，那就是找回丟失殆盡的自尊。

就這樣，郭沫若一家在稱名寺旁的那幢漂亮的小院兒心情愉快地住了一個月。孩子們在院子裡玩耍追逐，平時一貫簡樸的安娜，雖然不大安然，但也隨了丈夫，就算是離開自己生長的土地日本之前最後的一次享受，心想反正孩子們的父親馬上就要去中國的大學做教授了，以後的日子肯定不會再受窮。

然而，他們實在是過於低估了國內人事的複雜性，赴任大學教授一事，最後由於武昌師大校長的人事更迭，聘書和旅費全都雞飛蛋打了。

既然已經決意回國，而且事到如今也不大可能有什麼新的變化，那麼就沒有必要繼續滯留日本了。郭沫若和妻子安娜商量之後，決定馬上搬家。安娜是個非常體貼丈夫的好妻子，她見郭沫若自 4 月返回日本以後由於精神上的壓抑和伏案翻譯的勞累顯得疲憊不堪，就提議回國前順便去溫泉療養幾天。

9 月 29 日，郭沫若找到房東要求解約退房，並且很順利就索回了原以為要頗費周折才能退還的 150 圓租房押金。

在福岡的第八次搬家是在 9 月 30 日下午進行的。前一天他們就已經把所有能拿的行李都委託市內的搬運工運到長崎碼頭去了。這天下午，郭沫若和安娜拎著包袱和提包帶著三個孩子一家五口走向設在松原中的箱崎火車站。在那兒，他們乘上了開往鹿兒島的列車，目的地是座落於佐賀縣北山中的熊川溫泉。在途中的鳥棲轉乘開往佐賀的列車後，郭沫若一家在六點以前就抵達了佐賀火車站。在以前，他們誰也沒有來過熊川溫泉，只知道在佐賀

縣北山中。到了佐賀一問，才知道火車站離他們要去的溫泉還有相當一段距離。一路上興奮不已的郭沫若見此情形，一咬牙叫了一輛停在車站門外的出租車。

至於抵達熊川溫泉以後一段日子裡的生活情形，我們除了在郭沫若的作品集《橄欖》及自敘性小說《行路難》《紅瓜》等中可以得到某種程度的瞭解之外，1967 年 11 月 26 日《佐賀新聞》上刊載的有關熊川溫泉的介紹，和日本當代著名的中國文學研究家目加田誠先生所著的文學探訪隨筆（參閱《中國文學隨想集》第 75～78 頁，龍溪書會 1986 年 9 月 20 日發行）中亦多少有所言及。

據過去我們所掌握的資料（其實絕大多數只是郭沫若的自傳而已），1924 年秋天，郭沫若一家滯留熊川溫泉期間先後住在一家叫「新屋」的茅草屋頂的溫泉客棧和位於熊川村邊兒的一戶農家的「出租房間」。日本著名漢學家目加田先生 1942 年曾一度自福岡徒步翻山探訪過郭沫若當年逗留過的熊川溫泉並有文字記載。到了二十世紀末的今天，75 年前的「新屋」客棧是否還在呢？坦率地說，筆者是懷著或許能發現點兒什麼的僥倖心理於 1998 年 4 月 25 日親臨佐賀的北山溫泉的。路線和當年目加田先生一模一樣，取道西南面的曲淵，翻過跨福岡佐賀兩縣的背振群山中的三瀨山埡口沿山中小路，一路詢問才找到熊川和古湯溫泉的。還好如今可以一直把車開到溫泉門口，要不然像目加田先生那樣在戰爭年代僅靠步行，不知該有多麼艱辛。

熊川溫泉和古湯溫泉相距不遠。位於佐賀火車站以北近 20 公里處，海拔高度 200 米，座落在北山山坳裏。熊川溫泉自古以來又被叫做湯原溫泉，據說開鑿年代頗古。儘管如此，北山的溫泉還是不能和佐賀縣內自古有名的嬉野溫泉和武雄溫泉相提並論，因為那裡是終年遊客絡繹不絕而且附屬療養設施一應俱全的名勝。郭沫若夫婦選中北山的古湯溫泉和熊川溫泉主要有兩個理由。其一是比福岡周邊的任何溫泉都便宜；其二是交通不便和遠離鬧市反而利於靜心創作小說。此時此刻的郭沫若已經被殘酷的現實生活逼到了邊緣。如果說在博多留學的時代是生活賦予了他創作詩歌的激情，那麼現在同樣是生活奪走了這種激情。道理實在簡單不過。因為靠寫詩換錢絕對養不活妻子和三個兒子。既然已經決意不走行醫這條道路，那麼他很清楚，要想養家糊口，該寫的是可以多少賣些錢的小說而絕對不是詩歌。雖說去溫泉是歸國前順便小小的休閒旅行，但生活既然那麼起伏跌宕，那麼富有戲劇性，誰

敢說他當時在小說創作上不曾技癢？

　　1998 年 4 月 25 日的午後，筆者從福岡來到熊川溫泉。「新屋」客棧就在面前。筆者直接找到了「新屋」的年輕老闆和女主人進行採訪。由於得到了意想不到的收穫，筆者回到福岡後跟著又安排了第二次、第三次採訪。

　　郭沫若曾經在自敘傳小說中寫到「新屋」旅館呈茶褐色，還有一塊至少經歷了三四百年的招牌，可是現在呈現在筆者面前的一切可以說沒有一樣能夠讓人聯想到郭沫若所處的日本大正末年。新嶄嶄的木刻牌匾，亮晃晃的厚瓦屋頂。據 64 歲的女主人田中靜子說，「新屋」從大正末年至今已經翻蓋過兩次。第一次是在昭和 6 年（1931），第二次是在 1971 年。郭沫若在小說中提到的茅草屋頂房實際上並不是客棧的正屋，而是緊挨著正房而建的偏房，一直被保留到第二次翻蓋整個「新屋」客棧時才全部拆去。這時，筆者才弄清楚，當年郭沫若一家住的並非「新屋」客棧的瓦房正屋，而是收費比正屋便宜得多的茅草屋頂偏房。聽完「新屋」的女主人描述起那一間曾經有過的茅草屋，筆者才猛然悟到了郭沫若為什麼在小說中稱它為「關帝廟」。

　　郭沫若一家在熊川溫泉逗留時，經營「新屋」客棧的是老闆田中與一和他的妻子田中菊。長子田中新九郎尚未娶妻。後來娶了一位叫次子的姑娘給「新屋」留下了一個家業繼承人就戰死了。「新屋」現在的女主人就是新九郎之子的兒媳。說是來「新屋」住的客人中自上一輩人經營時開始就極少有外國人，她嫁到「新屋」不久，就聽說以前住過一個中國人。

　　在「新屋」客棧現在當家的年輕老闆田中康仁先生的帶領下，筆者親眼目睹了當年郭沫若一家曾經住過的客棧茅草屋拆除後留下的那一小塊空地。長十多米，寬不到十米的空地上胡亂地堆放著一些雜物，筆者終於沒能找到可以聯想到七八十年前的痕跡。

　　當事隔幾天重訪「新屋」時，女主人告訴筆者兩件讓人不禁欣喜雀躍的消息。一是從箱子裡翻出來了兩張過去的老照片。二是村子裡有一位 90 多歲、姓齊藤的老太太健在。所謂照片，其實只是兩張用昭和 6 年前所拍的「新屋」的照片製作而成的明信片。從正面拍的一張沒有把茅草偏房拍進去。從「新屋」後面拍的那張是站在河邊仰拍的，因角度不好，屋頂低得多的偏房茅屋正好看不見。

　　郭沫若在 1924 年 10 月留下的《新生活日記》中寫到，在「新屋」住了五天，安娜見丈夫住客房也沒寫出小說來，為了節省開支，就提議搬倒近處

一農舍二樓正在出租的那間可以自炊的屋子去。至於那戶農家姓啥名誰，日記上並未提及。一個純屬偶然的機會，筆者在查閱 1967 年 11 月 26 日《佐賀新聞》時看到了該報記者所寫的有關熊川溫泉的介紹以及部分涉及到郭沫若的文字。該文披露出當時把二樓的房間出租給郭沫若一家住的那戶農家姓齊藤。日本的鄉下村莊不像中國，同一個村子卻很少同姓。如果這個 9 旬齊藤老太和《佐賀新聞》上所提到的姓齊藤的農家有關，那麼郭沫若一家住在熊川溫泉的時候她應該二十歲出頭。

5 月 16 日，筆者再訪熊川溫泉。這次是為見齊藤老太而來。要見的是一位 92 歲的老人，原以為不大可能採訪了，70 多年前她家的事，只希望她能回想起一點兒什麼來。在筆者登門叩訪齊藤家時，老太太正在院子裡種花。老人硬朗的身體即刻打消了筆者先前的顧慮。一聽說筆者自九州大學而來，想調查 70 多年前她家把房間出租給一個叫郭沫若的中國人的往事，老人就說這件事情她還依稀記得。因為熊川溫泉地處偏僻，外國人光顧過的只有她家。1924 年秋天，郭沫若一家從「新屋」客棧搬到她家樓上出租的房間來的時候她 20 來歲。因為家窮還沒能招到入贅女婿。齊藤老太生於明治 37 年（1904），本名叫齊藤久子，和父親（齊藤多吉）、母親（齊藤龜子）以及祖父祖母生活在一起。齊藤老太告訴我，現在她家的位置並不是 70 年前的地方。過去住的那是二層結構的破樓房，位置就在「新屋」客棧左側 20 來米開外的靠河邊的窪地。可惜 1949 年嘉瀨川發大水時那幢破房子被沖走了。

筆者拿出從「新屋」女主人那兒借來的印著照片的明信片給齊藤老太看。她告訴說，當時她家的破樓就在河邊竹叢裏。照片太舊看不清。

採訪結束後，筆者將兩張明信片送到街上的照相館去請他們幫忙做專業性處理。等再拿到照片仔細看時，發現果然離「新屋」不遠處靠近河邊的地方有一處竹叢。儘管不大容易看清，竹叢裏的的確確有一幢房子（參見前圖 31、32）。

返回福岡的途中，筆者看見熊川溫泉街上的觀光指南大木牌上刻寫著 1924 年 10 月中國現代文學家郭沫若來此地療養兼創作的簡介文字。此外，熊川溫泉 1949 年遭受罕見水災一事亦有記載。

1924 年秋，郭沫若回國之前帶著他的日本妻子佐藤富子和三個兒子在日本佐賀縣北山的一家僻靜的溫泉住了一個多月。在那裡，他那被現實折磨得破碎不堪的心在大自然的懷抱中得到了某種程度的癒合，在短暫的一個月

裡，他寫出了一批早期最重要的自敘性小說和隨筆。

根據《創造十年續編》和《到宜興去》（初出 1925 年 8 月至 10 月上海《孤軍》3-3、4、5）中的作者自敘，郭沫若一家在結束溫泉鄉的療養登上回國的旅途是 1924 年 11 月中旬。這次回國取道和以往不同。來佐賀前行李早已託運到長崎碼頭，所以不大可能再北上經由福岡去門司乘船。

結　語

以上根據現有的史料和新發掘的資料，以實證性考察郭沫若在福岡居住時期的，包括住居、遷居在內的生活狀況爲主線，從過去一直沒搞清楚的在日留學生活這個側面對《女神》創作時期的郭沫若進行了粗線條勾勒。郭沫若出生在一個比較富裕的父母都有文化修養的家庭。他和當時許多赴海外留學的中華學子一樣，到日本是響應富國強兵的時代招喚，爲的是學習科學技術。從他個人的成長過程看，國內的新學念到高中，到日本後半年考上官費生。父母對他的過分寵愛加上他的早熟自負，使得他二十來歲之前沒有品嘗過窮困給人帶來的辛酸是什麼滋味。到日本後，直到升入九州帝國大學爲止，無論是學習、交友、參加排日活動還是戀愛、同居、生育孩子，他所有的煩惱可以說都是精神上而不是物質上的。

然而，當他來到九州的福岡以後，他的生活開始出現破綻。首先和日本女性佐藤富子的事實婚姻使他在很長一段時間失去了來自父母的經濟援助。1918 年 8 月日本爆發「米騷動」以後，物價高騰，貨幣貶值。學醫的人還必須買價格昂貴的德文原版參考書。隨著孩子一個接一個的出生，郭沫若以一個人的留學官費養活全家（到福岡後從三口增至五口），過的是捉襟見肘的日子。他在福岡生活的幾年，給人的總體印象可以用貧困這兩個字來囊括。我們總是覺得他在搬家。不是因爲圖更便宜的房租而搬遷，就是因爲拖欠租金被房東掃地出門。他在中日甲午海戰後日本國民普遍帶有的歧視支那人的壓抑環境中留學生活。由於窮困，他不得不忍受別人難以忍受的屈辱。正因爲如此，所以一旦他心理失去平衡，他常常會爲了找回丟失的自尊而付諸異常的行動。他身上兼有強烈的自負自尊和每每向現實妥協的兩種看上去非常矛盾的性格。這種大學時代形成的複雜性格長年在他的生活中沉澱並影響了他的後半生。

　　這一點在文學創作上也無例外。郭沫若是一個浪漫主義詩人，但同時他也以現實中陰暗的私生活為題材寫小說，而他這種小說所具有的主題格調沉悶陰暗的性格正好跟他詩歌的豪放明朗的性格形成鮮明的反襯。通過考察我們知道，當時郭沫若寫這種不為文壇所接受的小說，或許多少有點故意與既成文壇唱反調的意味，但更主要更直接的原因恐怕是為了獲取稿酬養家糊口。他的氣質中浪漫孤傲的一面在他的詩歌，尤其在《女神》中得到了充分的發揮，而現實的、容易妥協的一面，則在他於 1924 前後創作的小說中有所反映。除了郭沫若的詩歌和小說反映出他這種相互矛盾的雙重性格以外，我們還可以在他的三次婚姻以及文革時期的言行中看到這種性格的投影。過去我們捕捉郭沫若浪漫派詩人明朗豪放和強有力的一面比較多，而往往不大注意去發現與這種明朗豪放和強有力同駐一體而只有一紙之隔的陰濕面。筆者認為，那並不是真實的郭沫若。從這個意義上講，瞭解郭沫若留學福岡時期的生活真實，至少可以對我們更全面把握郭沫若這個歷史人物有所幫助。

第二部　作品、思想論考篇

第六章　郭沫若早期文學論考

敘　說

　　「郭沫若的早期文學」這一概念似乎一直因研究者們理解上的分歧而有著不盡相通的含意。國內的該課題研究幾乎都是從《女神》開始。可以這樣說，迄 1978 年郭沫若去世爲止所出版發行的郭沫若研究專著及科研論文中出現的、「郭沫若的早期文學」或者「郭沫若的前期文學」等類似語言表達，都不具體指郭沫若從 1914 年赴日留學起至日本第六高等學校畢業爲止的 4 年間所創作的文學作品。這一時期的作品大部分以舊體詩的形式出現在一篇題爲《自然的追懷》的回憶文章之中。該文最早於 1934 年亡命日本時期刊載於日本改造社發行的著名文藝刊物《文藝》昭和 9 年 2 月號。一個月後被譯成中文發表在 1934 年《時事新報》副刊《學燈》第 70 期上。除此之外，後來至少還出現了題目不同的兩種譯文，一種題爲《自然之追懷》（濟氏譯），出現在《現代月刊》第 4 卷第 6 期（1934 年 4 月 1 日）上；另一種題爲《我在日本的生活》，發表在《西北風》（日本特輯 1936 年 10 月 20 日）上。儘管這篇回憶文章三次被譯成中文並刊登在國內的報刊雜誌上，但由於郭沫若當時正被國民黨政府通緝而不得不使用筆名，故在當時這篇文章在國內並沒有引起多少人的注意。加上不久就爆發了長達 8 年之久的抗日戰爭和繼抗戰結束而開始的 4 年內戰，這些本來就散見於報刊的文章大多由於戰亂而散失。

　　郭沫若去世的翌年（1979）1 月，他在國內的遺屬將這篇用鋼筆謄寫在日本稿紙上的回憶文章再次在《新苑》雜誌上刊載出來。因爲用的是漢語，或

許是郭沫若家屬的譯文。關於這篇文章最新的發表，當屬收入 1988 年 11 月四川大學出版社出版的《郭沫若佚文集》（王錦厚、伍加倫、肖斌如共編）中的《自然的追懷》（底本不詳）。筆者將上述幾種中譯文與郭沫若當年發表在日本改造社的《文藝》雜誌上的日文原文相對照，發現誤譯之處較多而不適合作爲第一手研究資料。因此，本文將直接以郭沫若本人於 1934 年用日文寫成，並發表在日本雜誌《文藝》上的日文原文爲基本依據，同時參考 1920 年的書信（如《三葉集》等）和收入《潮汐集》（1959 年中國作家出版社）的、日本一高預科及六高時代寫下的一批舊體詩。

本文所探討的「郭沫若的早期文學」這一概念，指的是郭沫若從赴日留學起至大學時期以詩群《女神》爲代表的「第一次詩歌創作高潮」襲來之前留下的新舊體詩歌及散文等文學作品。其創作時間的上限爲 1914 年 1 月，下限爲 1918 年 8 月。這期間郭沫若創作新舊體詩歌共 24 首，其中 5 首爲口語自由體新詩。以下，本文將對這些郭沫若在赴日留學最初的 4 年半的時間裏留下的文學作品進行實證性考察，其目的是藉此觀察郭沫若的早期文學觀。

通過對上述 24 首作品的內容分類，我們不僅能觀察到作品背後閃現躍動的歷史的影子和聽到時代的跫然足音，更重要的是我們還可以對文學家郭沫若的成長過程有所把握。

首先，我認爲郭沫若這一時期的作品可以分成 AB 兩大類。A 類大多表現以中國傳統士大夫式的入世哲學爲根基的愛國主義思想；B 類則多捕捉描寫作者作爲現代人的人格上的覺醒以及這一過程中的苦悶。A 類作品的創作以 1915 年 5 月的反《對華二十一條》愛國主義運動的勃發爲最高潮；B 類作品則是作者在 1915 年 5 月留日中國學生歸國學潮中愛國熱情受到打擊而變得比較冷靜，加之和在排日學潮高漲的情況下與日本女性佐藤富子事實結婚後視線開始轉向自我內部這一短暫時期創作的。過去，或許是因爲歷史方面的原因，研究者們幾乎只注重 A 類作品的研究，甚至有過忽視 B 類作品的存在的傾向。

第一節　文學創作中的愛國主義思想潛流

讓我們先看以下幾首具有代表性的 A 類作品。

> 飛來何處峰，
> 海上布朦朧。

　　　地形同渤海，

　　　心事繫遼東。

　　　　　　　　　　　　　　　　——初出《自然的追懷》

　　1914 年 6 月，郭沫若依靠其長兄郭開文極其有限的經濟援助，在赴日後的半年內終於如願以償地考上了日本政府專爲中國官費留學生設置的第一高等學校特設預科。這種爲了不辜負家鄉父老之期待而選擇的背水一戰式的考試儘管獲得了成功，但他卻因爲來自多方面的壓力和用功過度而一度瀕臨精神崩潰的邊緣。正因爲如此，他在獲取了官費生資格後馬上就約同友人去了當時日本關東地區著名的療養勝地——房州（現日本千葉縣）的北條海岸。這首五絕可以說是北條鏡浦海灣的自然風光在郭沫若心靈上的一種折射。生長在中國五嶽之一、海拔 3099 米的峨嵋山山麓的郭沫若在房州海岸第一次體驗在大海裏游泳。那里正是他在東京跟佐藤富子熱戀初期經常光顧的地方（參見前圖 33）。大海爲這位來自大陸內地的少年展示了種種新的可能性。抬頭是藍天白雲、眼前是碧海白沙、眩目的陽光、低空飛翔啼鳴的海鷗……房州海岸的一切對郭沫若在先的心靈體驗來說無疑是一種夢幻的、甚至可以說是超現實的存在。他在風平浪靜的月夜不止一次獨自一人劃起一葉扁舟遊歷鷹島和沖島，有時甚至持酒上島對月獨飲。

　　　鏡浦平如鏡，

　　　波舟蕩月明。

　　　遙持一壺酒，

　　　載至島頭傾。〔註1〕

　　我們至少透過這首作品可以看出當時郭沫若在房州度過了兩個月相對閒適的日子。然而，即便是明鏡般幽雅恬靜的鏡浦海灣時而也難免有意外發生。作品中表現出的意外，是一種與自然幽雅恬靜的氛圍和主人公主觀上的閒適自在感不相協調的、尤其對作者郭沫若這樣的「異邦人來說能夠充分喚起複雜的聯想的」軍艦。

　　由於北條海灣的地形與地圖上的中國渤海灣（儘管當時郭沫若並未到過渤海灣）驚人地相似。長時間眺望大海，難免產生一種自己正置身祖國的渤海灣的錯覺。自甲午海戰中國海軍慘敗以來，東海大門尤其是可以說完全處於無防備的狀態。這種置身場景的錯覺（房州海灣與渤海灣的場景重疊）加

〔註 1〕郭沫若：〈自然への追懷〉，改造社發行《文藝》，1934 年 2 月號。

上「軍艦」這樣一種與和平氛圍格格不入的「異物」投入作者的視網膜，導致作者獲得了一種目睹外國軍艦在中國的渤海灣橫衝直撞而義憤填膺的心靈體驗。他當時從房州寄給家鄉父母的家書中透露出「現在歐西各國大交兵戈，戰禍所及，漸移東亞，日本鬼國已與德國宣戰矣」〔註2〕的見解，足以證明他當時不僅有著強烈的民族憂患意識，而且特別關注第一次世界大戰中日本的動向。

1915 年 5 月日本政府向當時的民國政府發出有關《對華二十一條》的最後通牒這一事實，證明了一年前留日學生郭沫若的民族憂患意識並非杞人憂天。為了向民國政府請願，要求不予接受日本政府強加的不平等條約，1915年 5 月日本向中國發出了最後通牒之後，在日中國留學生掀起了集體歸國的大規模學潮，以表示對日本政府的強烈抗議。郭沫若就是在中國留學生學潮發展到最高潮的 5 月 7 日隨大批留日同學毅然回到上海的。我們可以從以下引用的這首律詩中讀到他當時的心境。

> 哀的美頓書已西，
> 衝冠有怒與天齊。
> 問誰牧馬侵長塞，
> 我欲屠蛟上大堤。
> 此日九天成醉夢，
> 當頭一棒破癡迷。
> 男兒投筆尋常事，
> 歸作沙場一片泥。

——初出《創造十年》

所謂「哀的美頓書」，原係拉丁語中「ultimatum」的漢語音譯，意為最後通牒。筆者曾經細查過 1915 年 5 月的日本幾大報刊，說「ultimatum」（日譯為「最後通牒」）這個外來詞俯拾皆是並無半點誇張。不難想像這在當時對郭沫若產生過多麼強烈的刺激。日本為了和歐美列強爭奪在東亞的勢力範圍，於 1914 年 8 月 15 日向德國發出最後通牒，強行要求德國把中國的膠州灣這塊殖民地在同年 9 月 15 日之前轉讓給日本。當其要求遭到德國的拒絕之後，日本便對德國公開宣戰。一年前發生的歷史事件記憶猶新。郭沫若最初並未預計到民國政府竟然會向日本屈膝妥協。有關一年前的歷史記憶告訴他，不

─────────

〔註 2〕郭沫若《1914 年 8 月 29 日家書》，《櫻花書簡》，第 31 頁。

久中日兩國之間難免有戰事發生。

郭沫若在先多多少少有這樣一種認識。他覺得中國乃第一次世界大戰的戰勝國。日本雖然向德國宣戰，但終歸不至於把戰火燒到鄰邦中國。然而在這首詩裡，「此日九天成醉夢，當頭一棒破癡迷」的詩句不僅表明了作者認識上的驟然變化，更重要的是這首作品中流露出作者在先從未有過的對日仇視感。不管郭沫若持有這種看法的時間長短，它畢竟是顯示郭沫若留日時期思想變化的一個重要依據。既然日本已為敵國，那麼作為堂堂華夏之子的命運將是奔赴戰場決一死戰而不是等閒視之。認識到這一點，郭沫若不可能還有第二種選擇。「問誰牧馬侵長塞，我欲屠蛟上大堤」直言道出作者歸國的目的，「男兒投筆尋常事，歸作沙場一片泥」表達了作者戰死沙場無懊悔，不再返回日本的臨陣決心。在此，我們不難確認一高時代郭沫若的思想裡，為了國家而隨時隨地不惜放棄自我、簡言之即可以用「我即國家」來囊括的、一種類似國家主義的意識占主要地位。按道理說，這首最明顯地反映出作者愛國主義思想的七律，其創作理應在獲知袁世凱政府已經認可日本無理強加的《對華二十一條》這一舉國震驚的事實之前。

> 畫虎今不成，
> 弩狗天地間。
> 偷生實所苦，
> 決死復何難。
> 癡心念家國，
> 忍復就人寰。

——《尋死》1916 年作。初出《三葉集》。

筆者在另外一篇題為《郭沫若與一高特設預科及六高詳考》〔註 3〕的論文裏就「與王陽明的邂逅及其影響」有所論述。文中曾經提到，郭沫若在一高特設預科第一學年裏雖然發奮學習並以名列第三的優異成績升入日本第六高等學校，但他過度的用功加上精神上的壓力使他不久就患了嚴重的神經衰弱症。其實，一高特設預科的一年只不過是為進入高等中學和日本學生同窗學習而打基礎墊底的補習階段，真正需要消耗腦力和體力的功課可以說是在正式進入高等中學以後。郭沫若正是處在這樣一種重要時刻身患重症的。他記

〔註 3〕拙文《郭沫若與一高特設預科及六高詳考》，日本中國書店，1999 年 2 月 8
日出版單行本《創造社作家研究》（朱壽桐、武繼平主編）。

憶力日見衰竭，看書看到後頁便忘了前頁，嚴重地時候看到後一行便忘了前一行。連夜不眠使得他整天精神萎靡、頭暈目眩。他曾經好幾次產生過自殺輕生的念頭。然而，求生的本能欲望使得他作出了最後的掙扎。應該說這首詩就是這一時期郭沫若內心發生劇烈動搖的真實記錄。

　　郭沫若由於通過學習當時在日本風靡一時的「岡田式靜坐法」並通過堅持閱讀《王文成公全集》隨之進入王陽明的世界，他似乎在精神和肉體兩方面獲得了拯救。然而，必須指出，當年郭沫若出於身心兩方面的需要而輕而易舉地進入了王陽明的世界，但他真正從王陽明「內聖外王一體，上天下地同流」的哲學中走出來，或者說對其達到某種超越，卻是在許多年以後。用郭沫若本人的話來說，即「那時候的傾向，差一步便可以跨過瘋狂的門閾。把我從瘋狂的一步救轉了的，或者怕要算是我和安娜的戀愛」〔註4〕。

第二節　現代人自我意識的覺醒

　　二十世紀第一個十年裡發生在中國這一特定地域的一連串重大歷史事件給中國現代文學者賦予了強烈的民族憂患意識和救亡使命感。這便是中國現代文學自起步時就以主流形式存在的愛國主義命題產生的溫床。

　　本文在前面已經論述到郭沫若就學於九州帝國大學以前的早期文學作品反映出作者當時思想上的兩大特徵，並試將表現愛國主義思想的作品劃爲甲類、表現現代人自我意識覺醒的作品劃爲乙類。我們不得不認定這樣一個事實，即甲類作品力圖表現的思想和觀念和中國傳統的人文意識有著某種血緣關係。而且，此類作品在迄今爲止的郭沫若研究過程中作爲熱門研究對象應該說已經得到了充分的重視。中國儒學文化，尤其是構成其核心的「忠」「孝」思想之土壤，不知孕育了多少愛國主義的志士仁人。「修齊治平」的儒學思想一旦化作中華男兒的責任感和華夏子孫的使命感時，他們會爲了國家放棄甚至犧牲個人的一切而毫無怨言。因爲這就是那個特殊時代中國知識分子群體的價值觀體現。因此，在這樣的思想溫床中生長起來的文學，往往具有個人無條件向集團妥協或曰服從的特殊性格，而這種以集團形態出現的至高權威往往罩著國家或民族的面紗。無論從文學自身進化論的角度還是從同一時代世界文學主潮的角度去看，這種缺乏探討人自身的存在方式之現代意識的性

〔註4〕郭沫若：〈我的作詩的經過〉，1939年11月10日東京《質文》第二卷第二期。

格或屬性，作爲已經進入二十世紀的中國現代文學的一部分，畢竟帶有相當大的局限性。

值得注意的是，除了上述力圖表現民族憂患意識的甲類作品以外，郭沫若在留學日本一高和六高時還創作了一批表現與這種集團意識分離的、獨立的自我意識業已覺醒的現代個人喜怒哀樂的乙類作品。儘管爲數不多，但卻非常重要。通觀郭沫若一生，能夠寫出此類凝視與國家民族斷開的、或作爲與集團相對立的個人精神世界的作品的時期非常短暫。儘管此類作品的創作在郭沫若的成長過程中充其量只能算是一小段插曲，但事實畢竟是事實。

就郭沫若早期文學研究而論，筆者素來持這樣一種觀點，即與其爭論上述甲乙兩類作品究竟哪一種重要，毋寧把研究視角放在如何把握郭沫若是怎樣從寫甲類作品轉向寫乙類作品的問題上，以及揭示導致發生這種創作傾向上的重要轉折原因何在顯得更加重要和有價值。經過對該時期作品群的考察，筆者認爲不妨把以下將論及的兩首舊體詩作爲郭沫若這種創作傾向轉換的標誌。

> 侵晨入栗林，紫雲插晴昊。
> 攀援及其腰，松風清我腦。
> 放觀天地間，旭日方杲杲。
> 海光蕩東南，遍野生春草。
> 不登泰山高，不知天下小。
> 稊米太倉中，蠻觸爭未了。
> 長嘯一聲遙，入狂歌雲杪。
> ——《與成仿吾同遊栗林園》1916 年春作 〔註5〕

在前面論及的、寫於 1916 年初的作品《尋死》中，郭沫若以「偷生實所苦，決死復何難。癡心念家國，忍復就人寰」的詩句吐露多番想用自殺的方式擺脫人世間苦痛而又割不斷對生的留戀之複雜心情。然而，他在幾個月後創作以上所引《與成仿吾同遊栗林園》時，其心境發生了顯而易見的變化。

這首詩最初發表時有作者原注，云：「這是 1916 年的春假，同成仿吾遊日本四國的栗林園做的。紫云是園內的一座山名」。「不登泰山高……」和「稊

〔註 5〕 郭沫若：〈與成仿吾同遊栗林園〉，初出 1934 年 1 月《現代》月刊第四卷第三期。

米太倉中……」兩詩句皆引典自《孟子・盡心》與《莊子・秋水》〔註6〕。筆者認爲這首詩最值得注意的是最後三句。只要不忘記這一時期郭沫若正潛心學習日本大正時代風靡一時的岡田虎二郎創立的靜坐法並研讀王陽明的著作，我們便不難從「不登泰山高，不知天下小」這一詩句中觀察出他期待著通過冥想以改變自己對外部世界的認識和開始否定自己的過去的這一思想變化。此時此刻的郭沫若，已經開始對自己過去的人生觀持懷疑態度。他開始意識到儘管人世間戰亂不絕，但也不過是巨大的米倉中混雜的些許稗子而已。因此，他認爲人活在世不必爲了外部世界的紛擾而煩惱，而應該追求生活的自由和自在。「長嘯一聲遙，入狂歌雲杪」在我們的視野裡展示出了這種心境的變化。除了這首作品以外，筆者認爲作品《夜哭》也是顯示出郭沫若上述思想動搖的重要佐證。

> 有國等於零，日見干戈擾。
> 有家歸未得，親病年已老。
> 有愛早摧殘，已成無巢鳥。
> 有子才一齡，鞠育傷懷抱。
> 有生不足樂，常望早死好。
> 萬恨摧肝肺，淚流達宵曉。
> 悠悠我心憂，萬死終難了。

——1917 年作〔註7〕

事實上，迄今爲止的郭沫若論者在研究論及愛國主義思想和正義感時都習慣引用以上這首舊體詩並以此作爲郭沫若留日早期的愛國主義思想的重要依據〔註8〕。筆者雖然對此並無否定之意，僅想在此轉換一個視角來探討這首重要作品是否還有其它的讀解方法。

如果作品在眼前展開，我們首先感覺到的應該是一種濃鬱的哀傷情緒。必須注意的是，這種自始至終貫穿於作品之中的這種哀切的情緒流露在郭沫若來說，不光在前皆無，而且在後也甚爲罕見。人們似乎習慣於把「有國等

〔註6〕 《孟子・盡心》：「孔子登東山而小魯，登泰山而小天下」。《莊子・秋水》：「不似稊米之在太倉中乎？」
〔註7〕 郭沫若：《夜哭》，初出《致宗白華書簡》1920 年 2 月 1 日《時事新報・學燈》。
〔註8〕 參見陳永志：《論郭沫若的詩歌創作》，上海外語教育出版社，1994 年 6 月，第 18 頁；黃侯興：《女神時期的郭沫若》，陝西人民出版社，1992 年 6 月，第 38 頁。

於零」理解爲作者對國內軍閥的憎恨，實際上按四川方言解釋，它更多地含有「雖然有祖國，但一點兒用也沒有」的意思。也就是說，這裡的「國」，的含義與詩人「個人」形成對立。換言之，這裡的「國」，對郭沫若來說，就等於「家」。郭沫若雖有家有妻，但他爲追求自由戀愛另與日本女性形成事實婚姻，而且還生養了孩子，事到如今，故鄉雖有家卻已難歸了。他是「結了婚的人」，佐藤富子與他交往時對他有家室一事已有所知。用郭沫若的話說，他是「仗恃著」自己是有妻之夫，「所以敢於與她同居」的〔註9〕。郭沫若披露在當年致田漢書信裡的多年來不爲人們所注意的這幾句話，至少告訴我們了一個非常重要的事實，即跟佐藤富子的戀愛，在郭沫若最初本是一場柏拉圖式的精神戀愛。我們從這首詩的字裏行間容易讀解到的某種「懊悔」情緒，正來自這場與佐藤富子的戀愛和同居。時至如今郭沫若悔不當初。他悔就悔在自己追求的精神戀愛最終竟然毀在自己的手上。兩人從精神上結合走到肉體上的結合，這對郭沫若來說又是怎樣一種結果呢？愛的結晶成了「罪惡的表現」，而且這種先斬後奏的結合導致兩人都成了無家可歸的「無巢鳥」。筆者認爲，這種來自對自己生活失敗的懊悔和哀傷才是這首作品眞正的基調。作品寫在長男和夫出生以後，應該是在 1917 年 12 月以後。通過對這兩首作品、尤其是後一首《夜哭》的解讀和考察，我們可以觀察到從這一時期開始，郭沫若觀察事物的視線從純自然及生活環境中發生的事件等外部世界的對象，漸次轉移到自己的內心世界。其作品中流露出來的悔恨、反省和類似看破紅塵的情緒以及作者郭沫若在對精神戀愛的執著和自慚形穢、生死之間躑躅彷徨的具有傾訴力的形象，活生生地向讀者展示了一種屬於現代人的自我的覺醒。從這個意義上講，筆者認爲《與成仿吾同遊栗林園》和《夜哭》這兩首舊體詩標誌著郭沫若早期成長過程中發生的一次重要的思想轉換。

第三節　郭沫若岡山六高就讀時期所作的口語新詩

根據郭沫若本人編寫的《五十年譜》記載，他開始嘗試進行口語新詩的創作是在 1916 年。據考察，執筆時間爲 1916 年的口語新詩僅以下 5 首。

1. 《死的誘惑》（初出 1919 年 9 月 29 日《學燈》）；

〔註9〕《三葉集》，亞東圖書館中華民國 12 年 9 月第 3 版，第 42 頁。

2.《新月》（初出 1919 年 10 月 2 日《學燈》）；

3.《白雲》（初出 1919 年 10 月 2 日《學燈》）；

4.《Venus》（初出 1921 年 8 月 5 日上海泰東書局初版《女神》）；

5.《「辛夷集」小引》（初出 1923 年 4 月上海泰東書局《辛夷集》）。

關於前 4 首作品的創作日期，如果只以初版為根據而不在意重版後作者本人的修改，那麼作者郭沫若對此有兩種說法。第一種說法出自《創造十年》第三章，說是寫於 1918 年。第二種說法出自《我的作詩的經過》（1936.9.4），說是於民國 5 年（1916）為安娜而作。

如果這些作品真的創作於 1916 年，那麼中國現代詩歌史上關於胡適為中國現代口語新詩第一提倡者（胡適在 1917 年 1 月發行的《新青年》上撰文《文學改良芻議》，在中國第一個提倡口語自由新詩）的定說勢必應當改寫。當然，即便是郭沫若動手創作新詩在時間上早於胡適，這裡邊還存在著屬於自覺的提倡還是自發性寫作的區別，但無論怎麼說，如此事關文學史是否改寫的重大問題事到如今仍然不能說已經得到了具有說服力的科學驗證。事實上，國內最近出版的有關專著（如陳永志《論郭沫若的詩歌創作》，上海外語教育出版社 1994.6；龔濟民、方仁念《郭沫若傳》，北京十月文藝出版社 1988.2；秦川《郭沫若評傳》，重慶出版社 1993.9 等）大體上援用郭沫若的第二種說法。有的還據此作出「郭沫若是我國最早試作新詩的詩人之一」的結論〔註10〕。

然而，這幾首口語新詩果真是郭沫若 1916 年於日本六高留學時創作的嗎？如果我們不盲目以作者本人事過多年以後的回憶性敘述為事實依據，而從作品本身去研究探討，或許會找到更有說服力答案。

在進行具體的作品考察之前，我們所掌握的事實只有一個。那就是郭沫若的口語新詩的公開發表都是在 1919 年 9 月 11 日以後。這一點可謂無一例外。所以，即便這批作品發表時標明的日期為 1916 年，也未見得能夠證明它們是真正的執筆日期。至少筆者認為可以這麼看。僅從作品的內容上看，的確 5 首都是純愛情詩，故很有可能寫於 1916 年同佐藤富子的熱戀之中。然而如果我們從作品的結構以及背景等角度去觀察驗證，結果又會怎麼樣呢？

筆者在考察郭沫若的《女神》的周邊以及創作背景時發現，以《女神》為首的第一次新詩創作高峰期作品的背景基本上屬於作者當時所居住的博

〔註10〕陳永志：《論郭沫若的詩歌創作》，第 25 頁。

多灣的寫實，並由此得到啓發而對上述 5 首口語新詩的結構和背景進行了考證。

　　以下將揭示其考證的過程，並以作品考證的結果爲依據而提出一種新的假說。事前需要說明的是，用英文寫於 1916 年聖誕節、奉獻給佐藤富子的《「辛夷集」小引》儘管詩情洋溢，但文體本屬散文。爲了避免作品分類上不必要的分歧，故對此暫不與其它口語詩相提並論。再者《Venus》和《白雲》無法捕捉其背景而難以考證。所以，以下只對《死的誘惑》和《新月》兩首口語新詩進行具體分析考察。另外，筆者認爲《死的誘惑》和《新月》這兩首詩在郭沫若早期口語詩歌中也具相當具有代表性。

> 我有一把小刀，
> 倚在窗邊向我笑。
> 她向我笑道：
> 沫若，你別用心焦！
> 你快來親我的嘴兒，
> 我好替你除卻許多煩惱。
>
> 窗外的青青海水
> 不住聲地也向我叫號。
> 她向我叫道：
> 沫若，你別用心焦！
> 你快來入我的懷兒，
> 我好替你除卻許多煩惱。

——《死的誘惑》

　　這首詩第二段的頭一句「窗外的青青海水」尤其值得重視。作者視野裡如果沒有碧藍而安祥的大海，作品將失去它所具有的強烈的傾訴力。然而據筆者的考察，郭沫若雖然在岡山居住時 4 度搬遷，但我們只要一瞥 1916 年的岡山市區地圖，就不難確認當年郭沫若居住過的 4 處住址都離海比較遠〔註11〕。相對較近的海岸在岡山市的南部，從郭沫若居住的地點不可能望見大海。這一點確鑿無疑。另外，我們還可以通過考察得知，郭沫若留學日本岡山時期留下的一批舊體詩中，除了由岡山渡過瀨戶內海到四國的高松遊覽

〔註11〕參見拙文《郭沫若與日本一高預科及岡山六高詳考》，朱壽桐、武繼平主編
　　　　《創造社作家研究》第 41～43 頁。中國書店 1999 年 2 月 8 日出版。

栗林時寫下的《與成仿吾同遊栗林園》中出現過「海光」一詞以外，郭沫若在岡山留學 3 年時間裡創作的全部舊體詩中，「海」這個詞沒有出現過一次。此乃其一。

其二是作品《新月》中出現的「海上的松樹」值得追究。

> 月兒呀！你好像把鍍金的鐮刀。
> 你把這海上的松樹斫倒了，
> 哦，我也被你斫倒了！
>
> ——《新月》

只要我們在閱讀《女神》和《星空》時稍微留意，便不難發現類似大海、海岸的松林等意象開始出現於郭沫若的口語新詩是在他從岡山六高畢業並遷居位於福岡的博多灣以後。岡山南面並不是沒有海，但那是平靜如湖的瀨戶內海，照理不符合郭沫若的性格。如果可以說《女神》給二十年代中國人的肌體注入了強韌的生命力，那麼這種頑強不息的生命力則是郭沫若在博多灣的大海（尤其是她狂暴而充滿力量的一面）和海岸鬱蔥挺拔的松林中體會、感覺和獲得的。這一點恐怕誰都難以否定。與自然的融合，這是郭沫若第一次口語新詩創作高峰期的文學活動的一個相當重要的部分。然而，無論是在有關岡山留學時期的回憶錄及散文隨筆裏，還是當時留下來的舊體詩和為數不少的書簡之中，我們很容易發現郭沫若頻頻提及東山、操山和旭川，但卻很難找到有關大海和海岸松林的敘述文字。

接下來讓我們繼續探討作品的背景與創作執筆時間的關係。

郭沫若幾乎在同一時期寫過一首題為《新月》的五言絕句。

郭沫若曾經說過：「初學德文時，新月，一語作，Mondsichel，——直譯時是『月鐮』，頗生新穎之趣。得此暗示，我曾作五絕詩一首云：

> 新月如鐮刀，
> 斫上山頭樹。
> 倒地卻無聲，
> 遊枝亦橫路。〔註12〕

在此參照前面引用的同題口語新詩作個比較。兩者構思上可謂大同小異。皆描繪新月如鐮，在地上畫出條條長影，宛如把樹木砍倒在地的情趣。不同的是五言絕句中新月砍倒的是「山頭樹」，而口語新詩中同一新月砍倒的

〔註12〕郭沫若：〈兒童文學之我見〉，初出 1921 年 1 月 15 日《民鐸》第二卷第四期。

則是「海上的松樹」。至於絕句中的「山頭樹」為何在口語新詩中變成了「海上的松樹」，筆者的推論是：其原因是由於兩首作品的創作時間和地點有所變化。即五言絕句的創作地點是在山上現或距山很近的場所，而口語新詩《新月》則應屬以「十里松原」聞名遐爾的博多灣箱崎海岸的寫生。這樣下結論，問題必然接踵而至。稍微細心的人就會問：郭沫若1918年晚夏才從岡山六高畢業升入位於福岡的九州帝國大學，博多灣的風物怎麼會出現在岡山時期的作品裡面呢？難道郭沫若在岡山念高中時期去過博多灣？〔註13〕

對於「郭沫若在岡山念高中時期是否去過博多灣」的問題，筆者可以信心十足地給予否定。因為郭沫若1918年夏末到達九州大學後寄出的第一封家書上就說清楚了是第一次來到福岡。針對前面第一個疑問，筆者提出另一個假說：口語新詩《新月》完全有可能是對幾年前創作的舊體詩的改寫。雖然場景有所變換，但總體意象不變。這一假說決非僅針對《新月》這一首詩而言，收在《女神》裡題為《離別》（1919年3月於福岡作）的口語新詩也有類似的情況。其舊體詩原型即《殘月黃金梳》（1916年於岡山）。

考察到此，我們不妨來整理一下思路。即一般被郭沫若本人或甚多的研究者劃為1916年作品的那一批口語新詩，由於作品中出現有博多灣的自然景物而顯然不能斷定為1916年之作。然而，筆者在此耗費篇幅的目的並不是為了僅僅證實該批作品的創作時間，而是想據此指出1918年9月第一次創作高峰襲來之際，郭沫若不僅在短時間內創作了後來收入詩集《女神》之中的一大批轟動國內詩壇的口語新詩，同時有一段時期也夾帶有將從前的舊體詩改寫為口語詩發表的創作傾向。

第四節　日本舊制高中時代的郭沫若與外國文學的影響

一、打開詩歌王國大門的金鑰匙——朗費羅的《箭與歌》

「我的詩的覺醒期，我自己明確地記憶著，是在民國二年。那時候我已經二十二歲了，還是成都高等學堂的一年生。」

這是郭沫若在《我的作詩的經過》（1936.11.10 東京《質文》2-2）中所作

〔註13〕郭沫若在自傳及當時的書信中不止一次提到登六高附近的東山和操山。

的回顧。根據同一資料，我們得知郭沫若在念成都高等學堂一年級（1913）的時候，在當時使用的英語教科書《二十世紀讀本》4 卷（編著者 Bazil Hall Chamberlain，1850～1935）中讀到美國詩人朗費羅（Henry Wadsworth Longfellow，1807～1882）的詩作《箭與歌》（英文題爲《The Arrow and the Song》），不僅因此頓悟詩歌的奧義，還反觀中國的《詩經》而獲得無比新鮮的感覺。

　　下面引用朗費羅的《箭與歌》的英文原文，試觀察郭沫若所言及的詩歌的眞髓究竟爲何物。由於手頭沒有現成的中譯本，但又有必要明示其大意，故在此引用拙譯。

（原作）	（試譯）
I shot an arrow into the air.	我朝著天空射出一箭，
It fell to earth, I knew not where.	卻找不到它落下後的行跡。
For so swiftly it flew, the sight	它飛得是那樣的敏速，
Could not follow it in its flight.	追尋它明顯我的眼力不濟。
I breathed a song into the air.	我向天空唱出一首歌兒，
It fell to earth, I knew not where.	它落到何處我不得而知。
For who has sight so keen and strong	誰又有足夠犀利的目光
That it can follow the flight of song?	可以追隨歌兒的飛翔。
Long, long afterwards, in an oak	事隔很久很久，在一棵橡樹上，
I found the arrow, still unbroken;	我找到了那支箭，竟然完好如初。
And the song, from beginning to end,	而我的那首歌兒，卻發現它，
I found again in the heart of a friend.	留在了朋友的心上。

　　　　　　　　　　　　　　—— 「The Arrow and the Song」

　　　　　　　　　　--Henry Wadsworth Longfellow〔註14〕

　　至少筆者迄今爲止尚未見到過探討郭沫若從美國詩人朗費羅那裡究竟學到了些什麼這一問題的論文或專著有關章節。儘管郭沫若本人對此過節只是在自傳性文章中輕描淡寫地一筆帶過，研究者們也似乎覺得這個問題太雞毛蒜皮而不值一提，但筆者還是認爲這個問題實際上似小絕非小，因爲它直接涉及到是否能夠準確把握郭沫若早期文學觀形成的過程。

　　郭沫若在《我的作詩的經過》一文中把這首作品說成是「兩節短詩」雖

〔註14〕山內正一編《Poems of Either Shore》，日本鶴見書店，1994 年，第 57 頁。

然有誤，但他對朗費羅將自己的詩歌比喻成射出的箭，儘管不知道他飛落到哪裡但卻能打動友人的心這一主要內容記憶清晰。對於高中時代的郭沫若和美國詩人朗費羅的關係，筆者認為有二點首先必須搞清楚。第一，郭沫若讀到朗費羅的《箭與歌》可以說純屬偶然，因此很難說除此以外還與朗費羅其它的詩歌作品有什麼關聯。第二，通過偶然閱讀朗費羅的《箭與歌》而領會到的「詩歌的真實的精神」，恐怕是一種不妨稱之為文學的社會教化作用的功能。具體說來便是詩歌這種文學形式，一旦經作者之手得到完成，它就會獲得撥動讀者心弦的魔力。既然郭沫若自稱這種對詩歌以及對文學的新的理解為「悟」，那麼必然與他先前的文學觀有著截然的不同。我們知道，從傳統儒學的角度看，詩歌不僅是寄託「修齊治平」之大志的一種載體，同時在失意時往往也是慰己的一種手段。無論怎麼說，詩歌畢竟只屬於個人。到了近現代以後，「實業救國」和「科學救國」逐漸由先覺者們的呼籲變為廣大知識者的共識。雖然出現了梁啓超那樣的啓蒙主義者提倡對社會有用的文學，但把文學視為有閒階級的遊戲之物，於社會進化無益的認識依然為主流。在這樣一種時代的風潮之中，郭沫若作為具有強烈憂患意識的知識人，自然不會例外。甚至「像他那樣本來就傾向於文學的人也對文學持輕視的態度」。然而，在二十世紀第一個十年這樣的社會大動蕩、文化大轉型的過渡時期，使郭沫若對文學的認識發生了根本的改變，並影響了他一生的媒介物，可以說就是美國詩人郎費羅的詩歌《箭與歌》。他開始意識到，文學決不僅僅是表達個人理想抱負和喜怒哀樂的記錄，在人文社會中，文學有著某種強大的人心凝聚力。我們完全可以從郭沫若的早期舊體詩中感覺到一種明顯的詩人視線的轉變。在接觸到是美國詩人郎費羅的詩歌《箭與歌》以前，他的舊體詩和許多傳統式中國文人沒有本質上的區別，可以說是為了他自己在作詩。也就是說詩歌這種文學載體只是一種屬於個人的東西。然而當他讀《箭與歌》而受到啓發時才「悟」到文學不僅可以為己，還可以為人。當然，當時的郭沫若不會預料到他從郎費羅的《箭與歌》中獲得的認識會影響他的一生。正如他的自傳所記敘的一樣，他只意識到自己的文學觀因為郎費羅的《箭與歌》而開始發生大幅度的傾斜。

二、與諾貝爾文學獎得主泰戈爾的邂逅

　　郭沫若是 1915 年在日本一高特設預科念第二學期的時候才知道泰戈爾這個名字的。關於此事的經緯，郭沫若本人先後在《太戈兒來華的我見》（《創

造週報》23 號，1923.10.14），《我的作詩的經過》（出處同注 4），《序我的詩》（《中外春秋》第 2 卷 3，4 號，1944.5）以及自傳《創造十年》中有所記敘。出於文中敘述上的需要，現簡述如下。原作者記敘中有個別不詳之處，經筆者考察核實，一併補之。

　　1915 年春。有一天，與郭沫若同居一處的四川同鄉、一高 3 年級留學生吳鹿蘋把從學校帶回宿舍的幾張英文油印課外讀物遞給郭沫若看，並告訴他這是印度詩人的作品。據郭沫若回憶，那個印度詩人就是諾貝爾文學獎得主泰戈爾（Raindranath Tagore 1861～1941），那幾張油印課外讀物上的作品，是《Baby，s Way》、《On the Seashore》、《Sleep Stealer》、《Clouds and Waves》4 首詩歌。關於這 4 首詩歌的內容，我們很容易從泰戈爾詩集的英文版本中找到，故不必在此具體引證。重要的是應該弄清楚它們對郭沫若最初的影響程度。筆者認爲，泰戈爾以上幾首詩歌最初主要從兩個方面給了郭沫若以較大的刺激。一個是泰戈爾詩歌渲染的清純無邪的意象。另一個是平易話語中撥人心弦的內在節奏。必須指出，郭沫若開始沉醉於泰戈爾詩歌中那種濃厚的宗教氛圍，那是在到了岡山第六高等學校以後。到岡山後的第一年是郭沫若精神狀態最不安穩的一年。如前所述，報考一高預科背水一戰的心理壓力加上就讀一高預科期間的用功過度，他得了非常嚴重的神經衰弱症。郭沫若本人說當時差一點越過瘋狂的邊緣，多虧和安娜的那場戀愛拯救了他。筆者認爲，郭沫若的這一說法有過分強調此而疏忽彼的傾向。因爲當時使郭沫若得以擺脫自殺之念的糾纏而從新選擇「朝生處走」和「在光明世界裡做人」（《三葉集》第 44 頁）的人生道路事實上除了戀愛以外至少還存在三個重要的因素。其一是堅持學習岡田虎二郎創始的《岡田式靜坐法》而深得其妙，其二是靜坐療病期間和王陽明哲學的接觸，其三是在岡山縣立圖書館大量閱讀泰戈爾的詩歌。借用郭沫若本人的話說，「民國 5 年的秋天」，他在岡山圖書館中意外地尋出了泰戈爾的《吉檀迦利》、《園丁集》、《暗室王》、《伽毗百吟》等著作的時候「眞好像探得了，生命的泉水，一樣」「每天學校一下課後，便跑到一間很幽暗得閱書室去，坐在室隅，面壁捧書而默誦，時而流著感謝的眼淚而暗記，一種恬靜的悲調蕩漾在」身之內外。因此「享受著涅槃的快樂」（《太戈兒來華的我見》）。

三、泰戈爾思想的潛移默化

　　本文前面提到郭沫若在一高預科就學時期開始對泰戈爾的詩歌有所接

觸，而眞正的大量閱讀是在升入岡山第六高等學校以後。大正年代日本以數字命名的舊制高中，從教育功能上講，有些類似後來國立大學裏負責對進入專業學習前的學生進行基礎教育的「教養學部」。基礎課程（如第一、二外語）不僅課時多，而且多以外國文學作品作爲教材。如果再加上外語任課老師是文科科班出身，那麼學生們接觸外國文學的機會會更多。郭沫若從考入一高預科第三部時起就開始學習外語。對學醫的學生來說，德語和英語不僅僅是必修課，比重跟其它學科要求的也不一樣。一高預科招收的是清一色的中國留學生，爲了一年後能夠進入高等學校跟日本人在同一環境和條件下學習，留學生們在這裡除了德語和英語之外，還必須大量補習日語。這樣一來，對郭沫若來說，必修的外語課就成了三門。儘管他在學習這三門外語的過程中接觸過較多的西洋文學、特別是文藝復興以後的西方作家和詩人，然而他卻唯獨傾心於泰戈爾。如果把第一次讀到泰戈爾的詩歌視爲一種偶然，那麼在六高畢業之前一直崇拜泰戈爾這不能不說是根據他自己需要所作的選擇。耽讀自己喜愛的文學作品時，閱讀者精神上往往處於毫無防備的狀態，故作品必然對閱讀者產生潛移默化的影響。這一點幾乎毋庸置疑，即便有所不同也僅僅是受影響的程度深淺問題。

就郭沫若而論，筆者認爲他大體上從兩個方面接受了泰戈爾的思想內容。一個方面是對人的內心世界以及外部世界的認識，即人生觀或宇宙觀；另一個方面是文學家對生活的觀察方法。六高就讀的三年裡，郭沫若不斷地從泰戈爾身上汲取滋養並獲得生存的勇氣和力量。而更重要的是，這種難能可貴的生命體驗使得他獲得了在生死之間選擇生的勇氣，從而初步完成了敢於直面現實和自我內部的人格定型。

隨著時間的流逝，郭沫若進入九州帝國大學學習以後，特別是在 1919 年五四運動帶來的中華民族睡獅蘇醒和巨龍騰飛的文化氛圍之中，赴日留學後一直埋藏在心靈深處的反抗心理復蘇了。五四運動以後，郭沫若對泰戈爾的膜拜開始迅速降溫。他開始學會在冷靜地觀察審視自己心目中的偶像的同時不斷地根據新的需要修正自己，並在用懷疑和批判的目光再度評估泰戈爾的過程中漸次向斯濱諾沙和歌德大幅度傾斜。

不過，筆者想順便指出一點，儘管從大學時代起郭沫若接受外來思想的側重轉向了斯濱諾沙和歌德，但他意識深處容納泰戈爾的基因並沒有完全消失。例如他所接受的泛神論的外來因素，實際上就是泰戈爾、斯濱諾沙和歌

德三位一體的混合物。弄清這個外來思想交叉影響和滲透的問題本來很重要，但由於不在本章節討論範圍之內，故在此僅提出問題，恕不展開。

四、泰戈爾的泛神主義宇宙觀

郭沫若在《太戈兒來華的我見》一文中曾經正面表露過自己對泰戈爾的認識。他這樣寫道：

> 他的思想我覺得是一種泛神論的思想……。「梵」的現實，「我」的尊嚴，「愛」的福音，這可以說是太戈兒的思想的全部，也便是印度人從古代以來，在婆羅門的經典《優婆泥塞圖》（Upanisad）與吠檀陀派（Vedanta）的哲學中流貫著全部。梵天（Brāhmana）是萬匯的一元，宇宙是梵天的實現，因之乎生出一種對於故鄉的愛心，而成梵我一如的究竟。

可以看出，郭沫若通過泰戈爾的作品接受了《奧義書》中的泛神論思想。這種泛神論的思想內容說來主要是對「神」的理解。在《奧義書》中，「在極為複雜多樣、永遠變化不止的現象世界裏，唯獨有一個不變的實體作為一種本質存在著。它與人個體的本質同一」的思維方式被稱為「梵我如一」。換言之，即現象世界的本質為梵（Brāhmana），人個體的本質為我（Ãtman）。《奧義書》所體現的最重要的命題是對包括人在內的現象世界內部的永恆不變的本質的追求和一體化。用平易的話語來表述，即神的存在猶如溶於水中的鹽，儘管無形，但無處不在。所以萬有之物即大梵。自我亦即大梵〔註 15〕。泰戈爾詩歌中體現出來的泛神論思想應該說更加具體。在他的詩歌天地裏，「神」是宇宙萬物之源。作為個人的精神世界即「自我」的存在與「神」同一。自然之中所有的一切都是「神」的體現，而人生的終極目的乃「神」即「自然與人之自我的融合」。

然而，有一點值得注意，儘管郭沫若在後來的回憶文章中不止一次談到自己早年受到泰戈爾的影響，但這種影響未見得在同一時期他自己創作的的文學作品中得到如實的反映。隨著時光的流逝，郭沫若不僅對早年從泰戈爾詩歌中吸收的泛神論的理解越來越深，而且還溶入了斯賓諾塞和歌德的泛神論的內容並在整合三者的基礎之上提出了獨自的泛神論思想。《女神》這部劃

〔註 15〕松濤誠達：〈ウパニシャッドの哲人〉，講談社，昭和 55 年 1 月 10 日第一刷發行《人類の知的遺產 II》，第 172 頁。

時代的詩集可以說就是郭沫若獨自的泛神論思想最集中的體現。從這個意義上來講，可以說我們從《女神》中讀到的是郭沫若對他早期崇拜的偶像泰戈爾的超越。

五、泰戈爾文學觀的影響

郭沫若在《創造十年》中談及自己的詩歌創時認為有過「三四個階段的變化。第一個階段是泰戈爾式的，在五四運動以前。作詩時注重淡泊和簡潔。然而留下的東西卻很少」。筆者個人認為，郭沫若受泰戈爾影響最深的作品，恐怕首推閱讀泰戈爾作品的英譯本時受到觸動和啓發而用英文創作的《「辛夷集」小引》了。但由於該作品過長而不便引用，故在此僅從為數「很少」的此類作品中選出一二，從作品的角度試論泰戈爾的影響。

> 兒呀！你快看那一海的銀波。
> 夕陽光裏的大海都被新磨。
> 兒呀！你看那西方的山影罩著沙羅。
> 兒呀！我願你的身心象海一樣的光潔
> 山一樣的清疏！
>
> ——《抱和兒浴博多灣中》〔註16〕

這是郭沫若最早發表的口語新詩中的一首。日本人小倉章宏在天津日租界發行的日文月刊《日華公論》（1913 年 8 月創刊）第 6 卷第 3 號於 1919 年 10 月、即這首新詩在《學燈》上發表後不到一個月就對此進行了翻譯刊載。當時田漢看到了日文刊載的這首詩時讚賞其為「純眞的詩」（1920 年 2 月 29 日田漢致郭沫若書簡《三葉集》第 79 頁），那麼這種「純眞」所具有的又是什麼樣的內涵呢？

> 兒見新月，
> 遙指天空。
> 知我兒魂已飛去，
> 遊戲廣寒宮。
>
> 兒見晴海，
> 兒學海號。
> 知我兒心正飄蕩，

〔註16〕初出 1919 年 9 月 11 日《時事新報・學燈》。

血隨海浪潮。

——《新月與晴海》〔註17〕

　　我們可以從這首《新月與晴海》和前面引用的《抱和兒浴博多灣中》中強烈地感受到某種被無形的情緒紐帶繫在一起的什麼東西。我想這裡的「什麼東西」恐怕就是當年田漢稱道的郭沫若詩歌的「純眞」吧。大海與天空，父與子。既沒有美文意義上的刻意追求，又沒有情緒的戲劇性大起大落。父子間的對話隻言片語，但希望與祈求卻心心相應。

　　下面引用口語新詩《Venus》和舊體詩《博多灣水碧琉璃》。讀者不難從作品中恬靜淡泊的光景感受純潔透明的人之情感的存在和生命的躍動。

　　　　我把你這張愛嘴，
　　　　比成著一個酒杯。
　　　　喝不盡的葡萄美酒，
　　　　會使我時常沉醉！

　　　　我把你這對乳頭，
　　　　比成著兩座墳墓。
　　　　我們倆睡在墓中，
　　　　血液兒化成甘露！

——《Venus》。初出《女神》

　　　　博多灣水碧琉璃，
　　　　白帆片片隨風飛。
　　　　願作舟中人，
　　　　載酒醉明輝。

——初出《自然的追懷》

　　可以說像「願作舟中人，載酒醉明輝」這樣的心境，其超現實性不外乎來自於泰戈爾的神自然人融合論。應該指出，如此透明的詩歌，郭沫若在與泰戈爾邂逅之前和受到歌德的影響之後都沒有寫過（也許應該說受到歌德的影響之後再也沒能寫出）。因爲他在醉心於泰戈爾時與功利主義無緣。如此取材於平凡的日常生活的清新淡泊的詩歌與取材於天地異變、神話傳說、英雄崇拜的充滿豐富的想像甚至幻想的《女神》的主要創作傾向意趣迥異。這種

〔註17〕郭沫若致宗白華書簡，《三葉集》，第48頁。

注重內在節奏和感情的自然流露欲將詩歌從傳統詩歌形式中解放出來的積極嘗試，恰好如實地反映了郭沫若所提倡的「情緒的呂律，情緒的色彩便是詩。詩的文字便是情緒自身的表現（不是用人力去表示情緒的）」〔註18〕的早期詩歌觀。而他的這種詩歌觀應該說主要來自泰戈爾。

結　語

　　以上本章以郭沫若留日時代創作的舊體詩的考察論證為主軸，就郭沫若第一次口語新詩創作高峰期（1919 年 9 月以後）到來之前的，即正式登上詩壇之前的試作階段的文學作品進行了探討。

　　郭沫若於 1914 年 1 月至 1923 年 3 月 31 日期間在日本留學。他在東京神田的日語學校以半年的時間越過語言障礙，自考上第一高等學校特設預科第三部時起，就決意以醫救國，拯救被蔑視為「東亞病夫」的同胞。他的這種近現代中國知識者特有的濃鬱的憂患意識直接地反映在他於一高預科就學期間寫下的一批舊體詩中。爾後，《對華二十一條》以及有關強迫中國政府承諾《對華二十一條》的最後通牒的提出等歷史事件成為他民族感情驟然高漲的直接誘因，並導致他開始敵視自己不遠千里前來學習西方科學的日本。

　　然而，當由一高預科畢業被分配到岡山第六高等學校以後，他和一位名叫佐藤富子的日本護士見習生偶然相遇並開始戀愛。經過四個月的熱戀很快就發展到事實結婚。這場戀愛和事實婚姻給郭沫若的日本觀帶來了一些非常明顯的變化，儘管這種變化是一時性的。同樣是這場戀愛，不僅使郭沫若留下了一批現代中國文學史上著名的情詩，同時也使得他觀察事物的視線從歷史事件和純自然等外在對象轉向自我的內部。事實上郭沫若並未像他自己所敘述的那樣被期待的戀愛所拯救，那以後很長一段時間他一直在生的歡喜愛的執著和自慚形穢的矛盾中掙扎，不得不直面生與死——這一人生最為艱難的選擇。如果我們不能把握這些雖然細微但卻重要的變化，要想準確地理解郭沫若在岡山六高留學時期，「每天學校一下課後，便跑到一間很幽暗的閱書室去，坐在室隅，面壁捧書而默誦，時而流著感謝的眼淚而暗記，一種恬靜的悲調蕩漾在我的身之內外。我享受著涅槃的快樂」這一段重要的自敘性話語的深刻內涵恐怕不大可能。

〔註18〕郭沫若 1920 年 2 月 16 日致宗白華書簡。

留學六高時期的三年，郭沫若幾乎一直沉浸在泰戈爾的世界裡。他向泰戈爾學會了凝視自己的內部和與自然融合。前者使他獲得了現代人自我的覺醒，而後者的延伸，爲一年後問世的《女神》所反映的泛神主義思考方式的基本定型奠定了基礎。